Kleine Namenkunde für Föhr und Amrum

unter Mitwirkung von
Reimer Dobberstein
Inke Hansen
Maike Maaßen
Birgit Rickmers
Carl Riewerts

herausgegeben von
Volkert F. Faltings

HELMUT BUSKE VERLAG HAMBURG

Die Handschrift auf dem Einband wurde dem Taufregister St. Laurentii (Süderende / Föhr) für das Jahr 1678 entnommen.

Foto: A. Ingwersen

CIP-Kurztitelaufnahme der Deutschen Bibliothek
Kleine Namenkunde für Föhr und Amrum
unter Mitw. von Reimer Dobberstein
hrsg. von Volkert F. Faltings
Hamburg: Buske, 1985.
NE: Faltings, Folkert F. [Hrsg.]

ISBN 3-87118-680-5

Satz und Druck: Bücherdruckkunst Hamburg
Bindearbeiten: Hunke & Schröder, Iserlohn

tu

JAN IARK

INHALT

Siegel der Westerharde Föhr aus dem 14. Jahrhundert

Auf dem Siegel sind von links nach rechts die drei Kirchenpatrone Föhrs, St. *Laurentius*, St. *Johannes* und St. *Nicolaus*, abgebildet, die doch so nachhaltig und vielfältig auf das föhring-amringer Namengut eingewirkt haben. Das Siegel kommt zuerst vor in einer Urkunde vom 8. 11. 1360.

Foto: H. D. Ingwersen

VORWORT

Viele unverkennbare Wesensmerkmale bestimmen die Eigenart und Einzigartigkeit der nordfriesischen Inseln Föhr und Amrum. Die von der See geprägte Landschaft und ihre Bewohner haben in einem fortwährenden Wechselspiel gegenseitiger Einflußnahme vor allem die Kultur und die Sprache der beiden Inseln geformt. Als eines der sichtbaren und hörbaren Zeugnisse inselnordfriesischer Sprache begegnet uns in Telefonbüchern, auf Türschildern, Grabsteinen usw. die besondere und oft auffällige Form der auf Föhr und Amrum gebräuchlichen Personennamen.

Dem interessierten Laien möchten wir mit diesem Büchlein zunächst einmal einen kurzen Einblick in die geschichtliche Entwicklung und gesetzmäßige Verwendung von Personennamen auf den genannten Inseln geben. Der sich anschließenden Liste männlicher und weiblicher Rufnamen sind Angaben über die friesische (föhring-amringer) Aussprache und — wenn möglich — über die ursprüngliche Bedeutung der einzelnen Namen hinzugefügt. Aufgrund der uns gebotenen Kürze konnten wir natürlich nicht in aller Ausführlichkeit auf die mannigfaltigen Sonderprobleme inselnordfriesischer Personennamenforschung eingehen; eine Auswahl weiterführender Fachliteratur befindet sich jedoch am Ende unserer Abhandlung. Zum anderen hegen wir die Hoffnung, daß unsere kleine Schrift dazu beitragen möge, den einen oder anderen angestammten föhring-amringer Rufnamen zu bewahren und gegebenenfalls wiederzubeleben oder weiterzuverbreiten.

An den einleitenden Teilen des Manuskripts haben die Oberstufenschüler des Grundkurses Friesisch des Gymnasiums Insel Föhr im Schuljahr 1983/84 maßgeblich mitgewirkt. Für zahlreiche Hinweise und Ratschläge danken wir Herrn Ulf Timmermann, Färöer, sowie Herrn Prof. Nils Århammar, Groningen, recht herzlich.

Utersum, im Frühjahr 1985
Volkert F. Faltings

1| *EINLEITUNG*

Föhr und Amrum als eine Namenlandschaft

Eine Namenlandschaft ist niemals ein einmaliges Zufallsprodukt. Unterschiedliche ethnische, soziale und kulturelle Einflüsse haben eine solche Landschaft von innen und außen über die verschiedenen Zeitläufe hinweg mehr oder weniger nachhaltig geformt und werden auch weiterhin maßgeblich an der Einführung und Ausbreitung neuer Namen oder neuer Gewohnheiten bei der Namengebung beteiligt sein. Diesem historischen Wandlungsprozeß ist und war selbstredend auch die Namenlandschaft der Inseln Föhr und Amrum in vielerlei Hinsicht unterworfen.

Die eingesessene föhringer und amringer Bevölkerung ist in ihrem Ursprung mehrheitlich wohl friesischer Herkunft. Gewichtige Argumente sprechen für die Annahme, daß unter Umständen schon um 700 n. Chr. friesische Siedler aus dem ost- und/oder westfriesischen Raum in das Gebiet der heutigen Nordfriesischen Inseln eingewandert sind. Auf jeden Fall bestimmt das friesische Element unzweifelhaft einen großen Teil der föhring-amringer Personennamen. Als ein besonderes Merkmal friesischer Personennamen im allgemeinen dürfen die zahlreichen, vielfach wohl kindersprachlich gefärbten Kurz- und Koseformen gelten, wie wir sie in Eck, Hay, Ocke usw. vorfinden. Solche Formen sind meist aus dem ersten Glied einer zweistämmigen Vollform, seltener aus beiden Gliedern gebildet. So ist der männliche Rufname Eck offensicht-

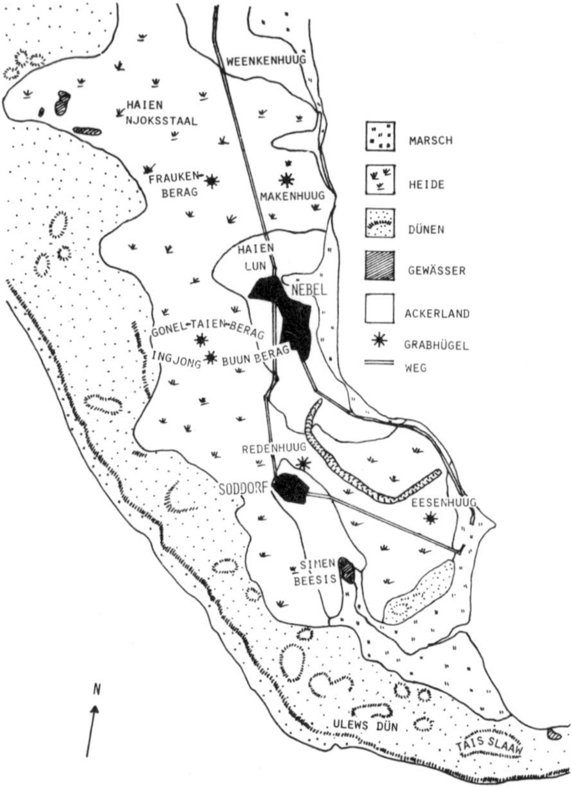

AMRUM UM 1800

Personennamen im Flurnamengut

Besondere Nutzungs- oder Eigentumsverhältnisse haben nicht selten dazu geführt, daß an manchen Landstücken der Name des einstigen Besitzers oder Nutzungsberechtigten in einem Flurnamen haften- und so der Nachwelt erhalten geblieben ist, wofür die vorliegende Karte des mittleren und südlichen Amrums eine ganze Reihe interessanter Beispiele liefert. In den angeführten Flurnamen *Haien Lun* (»Land des Hay«), *Haien Njoksstaal* (»Misthaufen des Hay«), *Gonel Taien Berag* (»Hügel der Gundel Tayen«), *Ulews Dün* (»Olufs Düne«) usw. ist der Personenname – meist in der genitivischen Form des Patronymikons – leicht zu erkennen. Die genannten Fälle lassen ein verhältnismäßig junges Alter vermuten. Einen wesentlich älteren Eindruck machen viele der zahlreichen Bezeichnungen für vorgeschichtliche Grabhügel, wie sie in der Karte durch *Eesenhuug, Makenhuug, Redenhuug* u. a. dargestellt werden. Die darin enthaltenen Personennamen gehören zweifellos einer älteren Namenschicht an, die größtenteils im heutigen föhringamringer Namengut nicht mehr enthalten ist.

Kartenentwurf: V. Faltings (nach der Karte *»Kort over Amram efter de ved Udskiftningen i Aarene 1800 og 1801 optagne Kort«* von C. Bruun, 1859)

lich aus einem zweistämmigen Namen – man vergleiche deutsch ECKHARD – hervorgegangen, dessen erster Teil ursprünglich »scharfe Kante, Schneide, Schwert« bedeutete. Viele dieser Kurzformen, die auch *Hypokoristika* genannt werden, lassen sich aufgrund ihrer »Verstümmelung« lediglich unvollkommen, mitunter gar nicht deuten. Einfacher, wenn auch nicht in jedem Fall unproblematisch, gestaltet sich die Erklärung der zweistämmigen Vollformen, zu denen auf Föhr und Amrum beispielsweise DANKLEF, RICKMER UND VOLKERT bzw. VOLQUARD zählen. Ursprünglich haben beide Elemente einer solchen Vollform zusammen vielfach eine sinnvolle Bedeutung ergeben. So entsteht aus den Namengliedern *volk-* »(Kriegs-) Volk« und *-ward* »Hüter, Beschützer« der Rufname VOLKERT, der demnach als »Hüter, Beschützer des Volkes« gedeutet werden könnte. Doch war es offenbar schon früh möglich, auch beliebige Namenglieder zu einer zweistämmigen Vollform zusammenzufügen, ohne daß ein konkreter Sinn sichtbar wird.

Es versteht sich, daß bei der Kleinräumigkeit der nordfriesischen Inselwelt ein gewisses Maß an Fremdeinfluß auf die Personennamen nicht ausbleiben konnte. Den älteren Entlehnungsperioden gehören dabei Namen aus dem nordischen, speziell dänischen und jütischen Sprach- und Kulturbereich an. ARFST, ESCHEL, KETEL UND WÖGEN z. B. legen darüber ein beredtes Zeugnis ab. Nachdem die christliche Kirche (etwa zu Beginn dieses Jahrtausends) ihre Position im Gebiet von Föhr, Amrum und Sylt festigen und offenbar rasch ausbauen konnte, haben allmählich, aber

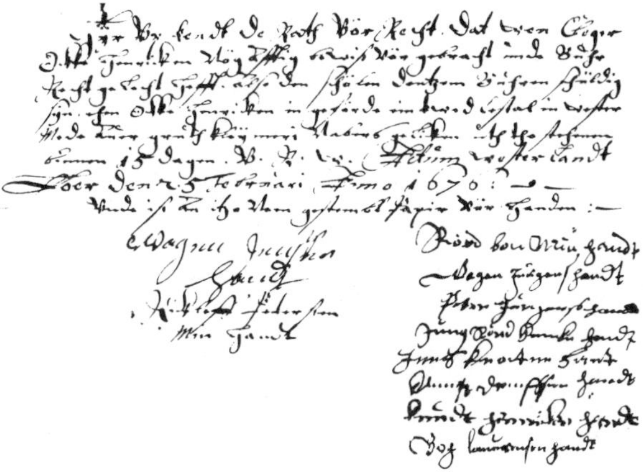

Eigenhändige Unterschriften unter ein Urteil des Rates der Westerharde Föhr vom 25. 2. 1676

In dem Urteil wird die Dunsumer Bauernschaft als Besitzer ihrer genossenschaftlich genutzten Feldmark dazu angehalten, ein Stück Heuland in dem Flurstück *Kleimeere* auszuweisen, falls der Kläger Ocke Henrikken aus Klintum seine Nutzungsberechtigung nachweisen kann. Das Urteil hat folgenden Wortlaut:

> *Hyr Vp kendt De Rath Vör Recht. Dat wen Cleger Ockke Henricken Nög afftig bewiß vör gebracht unde Buhr Recht geLecht hefft. also Den schölen Dontzem Buhren schüldig syn. ehm Ockke Henricken in geförde ein twed Lestal in wester Mede auer gruth kleymeri Nabers geLicken uth tho stehenen binnen i5 Dagen.*

V.R.W. Actum wester Landt Foer Den 25 Februari Anno i676: –
Vnde iß an itzo Nern gestembt Papir Vör Handen: –

Wagen Jenssen handt	*Rörd bon Min handt*
Rickleff Peterßen Min Handt	*Wagen Jürgens handt*
	Peter Jürgenss handt
	Jung Rörd Hancken handt
	Jens Knotten handt
	Klempt Dreffsen handt
	Knudt Henricken handt
	Boy Lauerensen handt

(Das Original befindet sich im Dunsumer Gemeindearchiv.)

Foto: H. D. Ingwersen

---

später und in deutlich geringerem Umfang als in den benachbarten Gebieten des nordfriesischen Festlandes, biblisch-christliche Namen Eingang gefunden. Formen von Johannes, Petrus, Nikolaus und Laurentius erlangten dabei besondere Beliebtheit. Weitere Umwälzungen im inselnordfriesischen Rufnamenschatz hat es während der sogenannten »Seefahrerzeit« (17. — 19. Jahrhundert) durch niederländischen und westfriesischen und später, seit dem 19. Jahrhundert, auch durch deutschen Einfluß gegeben.

2 | *WAHL DES VORNAMENS*

Die Namengebung erfolgte einst nach bestimmten Regeln. Jedes Kind erhielt ursprünglich nur einen Vornamen. So wurde der erstgeborene Sohn meist nach dem Großvater väterlicherseits benannt, der zweitgeborene nach dem Großvater mütterlicherseits. Bei Mädchen verfuhr man entsprechend: Der erstgeborenen Tochter gab man im allgemeinen den Namen der Großmutter mütterlicherseits, der zweitgeborenen den Namen der Großmutter väterlicherseits. Weitere Kinder erhielten vielfach den Namen der Urgroßeltern. Von dieser Regel wurde gewöhnlich abgewichen, falls ein naher Angehöriger bereits verstorben war. Dann erhielt der Name des verstorbenen Eltern- oder Geschwisterteils (nicht selten auch eines Geschwisterteils der Eltern) den Vorrang bei der Namengebung.

Bei der geschilderten Verfahrensweise mußten notgedrungen mehrere Geschwister auf den gleichen Namen getauft werden, wenn die (Ur)-großväter bzw. (Ur)-großmütter zufälligerweise gleich hießen. So wurden z. B. zwei Töchter des HAY JENSEN (ca. 1670 – 1740) aus Toftum beide ELIN benannt, und zwar nach den beiden Großmüttern, die ebenfalls ELIN hießen. Eine dritte Tochter wurde JUNG ELIN genannt, nach einer verstorbenen Schwester. Bezeichnungen wie *Jung*, föhr.-amr. *Jong* »jung« dienten zur Unterscheidung gleichbenannter Geschwister und sind dann zu festen Bestandteilen des Namens geworden, die sogar bei der Bildung des Nachnamens, wie beispielsweise JUNG ARFSTEN, JUNG OLUFS und JUNG RÖRDEN beibehalten wurden. Andere solche Bezeichnungen waren *Grot*, föhr.-amr. *Grat* »groß« und *Lötj*, föhr.-amr. *Letj* »klein«. Diese wurden jedoch weit weniger verwendet als das erstgenannte *Jung*.

Grabsteininschrift 1. Hälfte des 20. Jahrhunderts

Bis zum Ende des 18. Jahrhunderts war es üblich, einem Kind nur einen Vornamen zu geben. Danach kam es, vor allem nach dem Verbot der patronymischen Namengebung, in Mode, statt einen zunehmend auch zwei Vornamen in Betracht zu ziehen. Bei Volkert Jung Hans Peters handelt es sich um einen sol-

chen Fall, wobei zu beachten ist, daß Jung kein eigenständiger dritter Vorname ist, sondern als besonderer Namenteil zu Hans gehört (vgl. das Kapitel 2, Wahl des Vornamens). Der Grabstein des Volkert Jung Hans Peters steht auf dem Friedhof St. Johannis in Nieblum.

Foto: H. D. Ingwersen

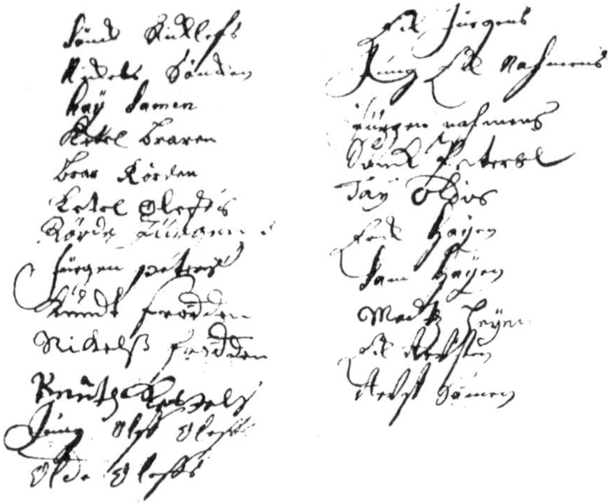

Unterschriften der Dunsumer Feldgenossen unter eine Beliebung vom 12. 2. 1728

Sönck Ricklefs
Nickels Söncken
hay Samen
Ketel Braren
Brar Rörden
Ketel Oleffs
Rörde Jürgenß
Jürgen peters
Knudt frödden
Nickelß frödden
Knuth Kettels
Jung Olff Oleffs

Olde Oleffs
Eck Jürgens
Jung Eck Nahmens
Jürgen nahmens
Sönck Petersen
Tay Oldis
Erck Hayen
Sam Hayen
Madtz Heyen
Eck Arvsten
Arvst Sam̄en

(Das Original befindet sich im Dunsumer Gemeindearchiv.) Foto: H. D. Ingwersen

3 | *PATENWAHL*

Auch für die Wahl der Paten eines Kindes bestanden feste Regeln. Jeder Täufling bekam drei Paten. Ein Junge hatte zwei männliche und einen weiblichen, ein Mädchen hingegen zwei weibliche und einen männlichen Paten. Ursprünglich wurde ein männlicher und ein weiblicher Pate aus der Verwandtschaft des Elternteils gewählt, nach dem die Namengebung erfolgen sollte. Der dritte Pate mußte vom gleichen Geschlecht des Täuflings sein und aus der nahen Verwandtschaft des anderen Elternteils stammen. Es wurden nur blutsverwandte Personen zu Paten gewählt.

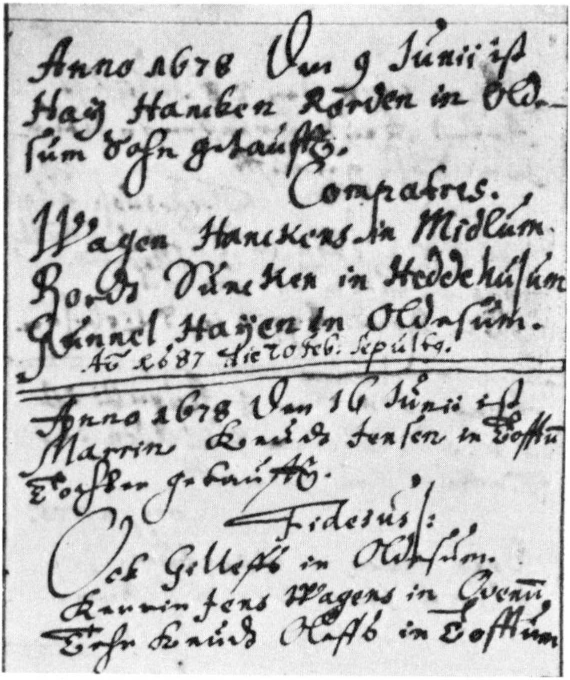

Anno 1678 Den 9 Junii ist
Hay Hancken Korden in Olde-
sum Sohn getaufft.
Compatres.
Wagen Hanckens in Midlum.
Rordt Dancken in Heddekusum
Kannel Hagen in Oldesum.
Ao 1687 die 10 Feb. sepultus.

Anno 1678 Den 16 Junii ist
Marrin Knudtsen tensen in Tofftum
Tochter getaufft.
Fidejussores:
Ock Gellefs in Oldesum.
Karrin Jens Wagens in Goting
Tochter Knud Hafs in Tofftum

Ausschnitt aus dem Taufregister St. Laurentii für das Jahr 1678

4 | *BILDUNG DES NACHNAMENS*

Bis in das 19. Jahrhundert hinein kannte man — von wenigen Ausnahmen abegesehen — auf den Nordfriesischen Inseln keine erblichen Familiennamen, das heißt, bei einer Eheschließung erhielten Frauen ebensowenig den Nachnamen des Mannes wie die aus dieser Ehe hervorgegangenen Kinder. Vielmehr bildeten Ehefrauen und Kinder ihren Nachnamen nach dem Vornamen des Ehemannes bzw. Vaters. So heiratete beispielsweise Rörd Faltings aus Dunsum 1703 eine Kerrin Bohn aus Oldsum, die nun nach ihrem Mann Kerrin Rörden hieß. Die Kinder von Rörd und Kerrin, nämlich Falting, Marret und Boh, nannten sich nach dem

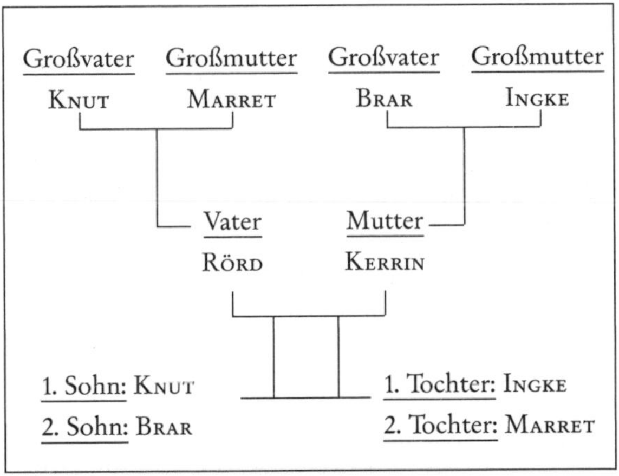

Beispiel einer möglichen Namenwahl

Vater ebenfalls Rörden. Einen derart gebildeten Nachnamen bezeichnet man als *Vaternamen* oder *Patronymikon.*

Aus sprachlicher Sicht verbirgt sich hinter diesem Patronymikon nichts weiter als die genitivische Form des Rufnamens. Der Genitiv (= 2. Fall oder Wesfall) wird bei einigen Namen wie z. B. Nahmen, Ricklef und Volkert mit *-s* gebildet (also Nahmens, Ricklefs, Volkerts), bei anderen wie Arfst, Boh und Ock mit *-(e)n* (also Arfsten, Bohn, Ocken). Dabei ist zu beobachten, daß ursprünglich einsilbige oder durch Abfall des Auslautes im 16./17. Jahrhundert einsilbig gewordene Rufnamen das Patronymikon überwiegend mit dem *n*-Genitiv (schwache Beugung) bilden, mehrsilbige dagegen mit dem *s*-Genitiv (starke Beugung). Abweichungen von dieser Regel treten vermehrt seit Ende des 18. Jahrhunderts auf (vgl. das folgende Kapitel).

Verlobte:
Emilie Hinrichsen
Alfred Braren
Oldsum. Midlum.

Entgegen landläufiger Meinung sind diese genitivischen Patronymika auf *-s* oder *-(e)n* nicht identisch mit Patronymika auf *-sen,* wie sie etwa im benachbarten Festlandnordfriesischen und Jütischen üblich sind. Diese Endung *-sen* entspricht dem schwedischen oder englischen *-son* »Sohn«, so daß z. B. PETERSEN als »Peters Sohn« zu übersetzen ist, während das inselnordfriesische PETERS »des Peters« bedeutet. Wo in älterer Zeit auf Föhr und Amrum ein *sen*-Name auftaucht, besteht eine gewisse Wahrscheinlichkeit, daß es sich bei dem Träger um einen Zugezogenen vom Festland oder von den Halligen handelt. In jüngerer Zeit, besonders als im Laufe des 19. Jahrhunderts feste Familiennamen aufkamen, änderten manche alteingesessene Familien ihr genitivisches Patronymikon in einen *sen*-Namen um. Aus KETELS wurde KETELSEN, aus OCKEN OCKESEN. KNUDSEN und HINRICHSEN haben die entsprechenden einheimischen Formen KNUTEN und HINRICHEN überhaupt ganz verdrängt.

Im Jahre 1771 wurde die patronymische Namengebung im Herzogtum Schleswig, zu dem Osterlandföhr gehörte, untersagt. Westerlandföhr und Amrum behielten als Teil des Königreiches Dänemark diese Form der Namengebung offiziell noch bis 1828 bei, dann unterband man sie auch hier. Inoffiziell lebte das Patronymikon im täglichen Sprachgebrauch des Föhring-Amring neben dem »verordneten« Familiennamen weiter und ist noch heute hier und dort lebendig.

5| *DAS FÖHRING-AMRINGER NAMENSYSTEM*

unter niederländisch/westfriesischem und deutschem Einfluß

Mit dem Aufblühen der niederländischen Tranmanufakturen fuhr der überwiegende Teil der seetüchtigen männlichen Bevölkerung Föhrs und Amrums seit Mitte des 17. Jahrhunderts von niederländischen Häfen aus auf den grönländischen Walfang und Robbenschlag. Im Zuge eines ansehnlichen Wohlstandes, den dieses Gewerbe einbrachte, gelangten zahlreiche niederländische Lebensgewohnheiten auf die Nordfriesischen Inseln, die die föhring-amringer Wohnkultur, Kleidung und in gewisser Hinsicht auch die Sprache über nahezu 150 Jahre prägten. Auch die Personennamen wurden davon in stärkerem Maße berührt. Anfänglich scheinen die inselnordfriesischen Schiffsoffiziere und Mannschaften lediglich auf den holländischen Schiffen unter einem niederländischen, vielfach westfriesischen Namen aufgetreten zu sein, während sie in der Heimat ihren angestammten Namen zunächst beibehielten. Später ist der bodenständige Name häufig auch hier dem fremden gewichen. So läßt Brar Rörden aus Oldsum seinen Namen durch einen Kirchenbucheintrag vom 22. 12. 1814 amtlich in Broder Riewerts ändern, den Namen, den er »seiner ausländischen Verhältnisse« wegen in geschäftlichen Angelegenheiten schon länger benutzte. Vielleicht klangen die niederländischen und westfriesischen Namen einfach »mondäner« und entsprachen damit dem damaligen Zeitgeschmack, vielleicht aber wollten die inselnordfriesischen Seeleute in der Fremde mit ihren föhring-amringer Namen, die den Niederländern manchmal exotisch vorgekommen sein mögen, lediglich nicht auffallen.

Nach den 1795 ausgestellten Seefahrerpässen waren folgende Namensänderungen auf Westerlandföhr üblich:

Arfst zu Arian
Erk zu Dirk
Früd zu Frerk
Hay zu Hinrich
Jens zu Jan
Knut zu Claas
Ketel zu Cornelis
Matz zu Matthias
Nahmen zu Nanning
Oluf zu Roluf
Rörd zu Riewert
Sönk zu Simon
Tücke zu Tönis
Wögen zu Willem

Auch Frauennamen erfuhren eine z. T. grundlegende Wandlung, die ebenfalls auf Einfluß aus den Niederlanden beruht:

Ann zu Antje
Elin zu Elke
Kerrin zu Keike
Marret zu Matje
Marrin zu Meike
Taran zu Talke u. a. m.

Seit dem Anfang des 19. Jahrhunderts ging man vermehrt dazu über, die alten föhringer und amringer Namen durch ähnlich klingende deutsche Namen zu ersetzen. So wurde nicht selten Früd zu Friedrich, Wögen zu Wilhelm, Erk zu Ernst, Rickmer zu Richard, Ocke zu Otto, bei den Frauennamen Thur zu Dora, Sesle zu Cesine, Tatt zu Therese usw.

Föhring-amringer Namen in den USA

Auch in den USA, wohin große Teile der föhring-amringer Bevölkerung vor allem um die Mitte des 19. Jahrhunderts sowie nach den beiden Weltkriegen dieses Jahrhunderts ausgewandert sind, lebt das angestammte Namengut fort, wenngleich die Namen im einzelnen vielfach dem amerikanischen Klang- und Schriftbild angepaßt wurden. So wurde Peter zu Pete, Hinrich zu Henry, Jens zu Jim, Wögens zu Woegens usw. Bei den obigen Beispielen handelt es sich um Grußadressen aus der tabula gratulatoria anläßlich des 100jährigen Bestehens des Föhrer und Amrumer Kranken-Unterstützungs-Vereins in New York 1984.

Foto: H. D. Ingwersen

IN LOVING MEMORY OF OUR PARENTS

Minna Woegens (geb. Arfsten) Klintum
Pete Woegens - Oevenum

BY THEIR CHILDREN
PETER AND MARIE WOEGENS
JOE AND IDA TREMBACH

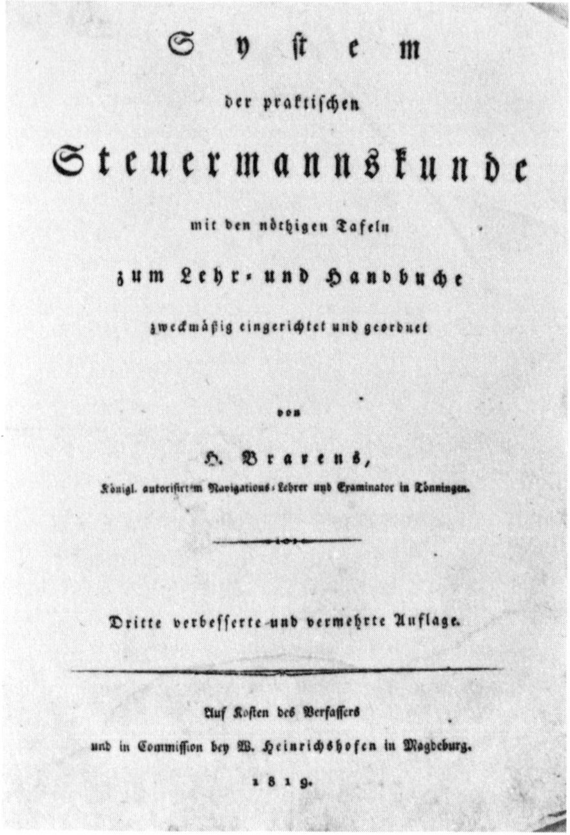

System

der praktischen

Steuermannskunde

mit den nöthigen Tafeln

zum Lehr- und Handbuche

zweckmäßig eingerichtet und geordnet

von

H. Bravens,

Königl. autorisirtem Navigations-Lehrer und Examinator in Tönningen.

Dritte verbesserte und vermehrte Auflage.

Auf Kosten des Verfassers

und in Commission bey W. Heinrichshofen in Magdeburg.

1819.

Titelblatt der von Hinrich Braren *verfaßten »Steuermannskunde«*

Hinrich Braren (1751 — 1826) aus Oldsum auf Föhr, der sich später auch Brarens nannte, fuhr anfänglich als Kommandeur auf den grönländischen Walfang. Unter anderem begleitete er als Führer den Forscher *Lövenörn* auf seinen Entdeckungsreisen an der Ostküste Grönlands, durch die er starke wissenschaftliche Anregungen erhielt, und die ihn schließlich dazu bewogen, eine Navigationsschule in Wyk zu errichten. Seine für damalige Verhältnisse vorbildliche »Steuermannskunde« war das erste Lehrbuch seiner Art in deutscher Sprache. Es ist mehrfach verlegt worden. Braren war später Lotseninspektor in Tönning.

Seefahrtsschulen und Navigation standen auf Föhr in großer Tradition. Die erste Seefahrtsschule wurde durch den Pastor zu St. Laurentii, Richardus Petri (= Rickert Peters, 1597 — 1643), in Süderende auf Föhr begründet und lange Jahre geleitet, obwohl der geistliche Herr selber niemals zur See gefahren war. Die Föhringer Seefahrtsschulen genossen weit über Föhr hinaus einen hohen Ruf, und sie trugen wesentlich zur Verbesserung der Lebensumstände der damaligen seefahrenden Bevölkerung bei.

Foto: Friesen-Museum/Wyk

6 | *NAMENREGISTER – Aussprache und Deutung*

Die nun folgenden Verzeichnisse männlicher und weiblicher Rufnamen erheben keinen Anspruch auf Vollständigkeit. Es versteht sich, daß bei den Auswahlkriterien zunächst einmal die Namen den Vorzug erhielten, die bis in unsere Zeit hinein auf Föhr und Amrum als Vor- oder Nachname gebräuchlich sind oder dort wenigstens vor einigen Generationen noch zum lebenden Namenwortschatz gehörten. Um dem Leser einen zusätzlichen Eindruck von der ursprünglichen Vielfalt des föhring-amringer Namenmaterials zu vermitteln, haben wir auch zahlreiche historische Namenbelege in unsere Listen aufgenommen.

Titelseite zu der föhringischen Komödie »Oome Peetje ütj Amerika« von Lorenz Conrad Peters *(1885 - 1949)*
Die Titelseite des 1923 herausgegebenen und mehrfach mit großem Publikumserfolg aufgeführten Lustspiels »Oome Peetje« zeigt recht deutlich, welche Schwierigkeiten der aus Oevenum stammende Autor offenbar hatte, seinen Namen, der in der traditionell hochdeutschen Schreibweise Lorenz Conrad Peters lautete, auf friesisch wiederzugeben. Er entschloß sich anscheinend zu einem Kompromiß, indem er für seine Vornamen die osterlandföhringer Form Luurens Kunraad wählte, den Familiennamen jedoch in hochdeutscher Form beließ.

Foto: H. D. Ingwersen

Omi Petji ütj Amerika

En Kamedi mä Sjongen ütj 'et ferreng Lewent van üssens Tidj

van

Lurens-Cunrad Peters

Mä dö Nutten tu dö Lietjes an en letj Ouvertüre

Hüssem
C. F. Delff
1923

Hinweise für den Leser

Das Namenmaterial wurde nach den heutigen oder früher einst üblichen Schreibformen alphabetisch geordnet. Unter der Abkürzung FA ist die föhring-amringer Aussprache der einzelnen Namen angeführt, die ja nicht selten von der Schreibform abweicht. Für den in föhring-amringer Rechtschreibung nicht bewanderten Leser sei hier kurz angemerkt, daß doppelt geschriebene Vokale (Selbstlaute) lang ausgesprochen werden, einfach geschriebene dagegen kurz: also z. B. das *-aa-* in *Maads* wie in deutsch *Maß*, das *-a-* in *Rakmer* wie in deutsch *rackern.* Bei den männlichen Vornamen sind die daraus gebildeten Patronymika in Klammern ( ) angegeben: z. B. VOLKERT (Volkerts). Für viele historischen Belege besitzen wir keine mundartlichen Aufzeichnungen; die föhring-amringer Aussprache kann daher lediglich auf lautgeschichtlichem Wege erschlossen werden. Solcher erschlossenen, aber nicht überlieferten Form ist ein Sternchen * vorangesetzt. Auf diese Weise werden auch nicht belegte Patronymika gekennzeichnet. Namen, die spätestens seit Anfang des 18. Jahrhunderts auf Föhr und Amrum als ausgestorben gelten dürfen, sind durch einen ° hervorgehoben.

Schließlich haben wir uns bemüht, die einzelnen Namen sprachgeschichtlich herzuleiten, was jedoch aus verschiedenen Gründen nicht immer zu eindeutigen Ergebnissen führte. Oft bieten sich mehrere denkbare Erklärungen an, in anderen Fällen besitzt die vorgeschlagene Deutung kaum mehr als den Rang einer vagen Vermutung, für die der Nachweis der Richtigkeit

Verlobte:

Richardine E. Thönissen

Julius Nickelsen

Toftum.

Familienanzeigen aus dem Insel-Boten *1885*

Die beiden Verlobungsanzeigen veranschaulichen recht deutlich, welche »Trendwende« in der Namengebung etwa um die Mitte des 19. Jahrhunderts und besonders nach der Einverleibung der Herzogtümer Schleswig und Holstein in den preußischen Staat (1866) einsetzt: Bei der eingesessenen Bevölkerung Föhrs und Amrums finden verstärkt deutsche oder deutschklingende Namen Anklang. Man beachte auch die seinerzeit zunehmende Angewohnheit, männliche Rufnamen in weibliche abzuwandeln: Richard zu Richardine, Emil zu Emilie usw. Auch typisch friesische Männernamen werden davon betroffen; Bildungen wie Nahmine aus Nahmen und sogar Ockeline aus Ocke sind keine Seltenheit.

(Quelle: Insel-Bote vom 7. 2. und 25. 11. 1885; Archiv des Insel-Boten in Wyk/Föhr)

Fotos: W. Ellermann

schwer zu führen ist. Besonders »schwierige« Namen blieben auch unerklärt; diese sollten in größeren Fachpublikationen oder in ausführlichen Einzeluntersuchungen behandelt werden. Die Herkunft nichtheimischer Namen wird, sofern sich ihr Ursprung bestimmen läßt, in der Regel angegeben.

Abkürzungen

altdän. — altdänisch
altnord. — altnordisch
bibl. — biblisch
Dimin. — Diminutiv (Verkleinerungsform)
FA — föhring-amringer Aussprache
f. a. — föhring-amringisch (friesisch)
germ. — germanisch
hebr. — hebräisch
jüt. — jütisch (dän. Dialekt)
kirchl. — kirchlich
lat. — lateinisch
mRN — männlicher Rufname
nd. — niederdeutsch (plattdeutsch)
nhd. — neuhochdeutsch
nl. — niederländisch (holländisch)
RN — Rufname
wRN — weiblicher Rufname
Zs. — Zusammensetzung

Besonders verwendete Schriftzeichen

æ – wie *ä*
ø – wie *ö*
ð — wie das *-th-* in engl. *weather, with*
Þ — wie das *-th-* in engl. *thin, three*
ƀ — ein Laut zwischen *b* und *w*
* — angenommene, aber nicht überlieferte (Namen)form
° — kommt seit ca. 1700 als Ruf- oder Familienname nicht mehr auf Föhr und Amrum vor

Ein Strich über einem Selbstlaut, z. B. *ē, ā* usw., besagt, daß der betreffende Laut lang ist.

Männliche Rufnamen

Ade (Adis); FA *Aade* (Aadis); Kurz- bzw. Koseform zu RN mit dem Namenelement *Ad-* oder *Adel-* (wie in *Adolf* oder *Adalbert*); zu germ. **aþ-* »Gut« oder **aþel-* »vornehmes Geschlecht«; vergl. Edde, Edlef.

Agge (Aggis); FA *Aage* (Aagis); Kurz- bzw. Koseform zu RN mit dem Namenelement *Ag-*, zu germ. **agi-* »Schrecken«.

Amke (Amken); FA **Aamk* (*Aamken) oder **Oomk* (*Oomken); Kurz- bzw. Koseform zu RN mit dem Namenelement germ. **amal-* »kräftig, stark, unermüdlich«; möglicherweise auch eine Kurzform aus einem zweistämmigen Namen, dessen 1. Glied germ. **aþ-* »Gut« lautete, und dessen 2. Glied mit *m-* anfing; der Name kommt auch im westfries. Sprachgebiet und im Raum Groningen vor.

Anders (Andersen); FA *Ooners* (Oonersen); entspricht dem kirchl. mPN *Andreas,* zu griech. *andreios* »mannhaft«; möglicherweise entlehnt aus dem dän. mPN *Anders;* vgl. Drews.

Arfst (Arfsten), früher *Arvest* (Arvesten); FA *Arfst* (Arfsten) neben *Aarest* (Aaresten); entlehnt aus dem altdän. mPN *Arnfast,* einer Zs. aus altnord. *arn* »Adler« und *fastr* »fest, stark«.

Arian (Arians); FA *Aarian* (Aarians); entlehnt aus dem nl. mPN *Ariaan* = *Adriaan,* aus dem lat. mPN *(H)adrianus* »Einwohner aus dem Ort Adria (Italien)«; seit dem 18. Jh. durch nl. Einfluß vielfach für *Arfst.*

***Arke** (°Arken); FA **Aark* (*Aarken); Kurz- bzw.

Andresen, Erika, Gmelinstr. 8	88 48
Andresen, Erwin, Café Wellenbad Restauration am Strand Ferienwohnungen Stockmannsweg 14	☏ **5 52**
Andresen, Gerhard, Buernstraat 7	37 87
Andresen, Hans, But Meere 4	36 69
Andresen, Hans W., (Wri)	81 06
Andresen, Helmuth, SchlachterMstr., Am Hafendeich 5	34 65
Andresen, Herbert SteuerBerat. Am Grünstreifen 20	**28 67**
Andresen, Jonny, **Haidweg 13**	**5 71**
Andresen, Lorenz, (Wri)	35 74
Andresen, Luise, Halligweg 2	29 36
Andresen, Nicolaus, Schlachter-Mstr., Fasanenweg 11a	31 37
Andresen, Otto, (Oev)	83 81
Andresen, Paul, Carl-Häberlin-Str. 6 a	39 70
Andresen, Renate, Fehrstieg 8	86 76
Andresen, Sophie, Große Str. 23	25 33
Andresen, Ulf u. Martina, Badestr. 94	26 53
Architekturbüro Mosing, Koharder Weg	9 90
Arfsten, Adrian, Am Golfpl.	24 37
Arfsten, Arfst I., Johannesstr. 9	33 65
Arfsten, Arfst-Jürgen, Landw., (Alk)	21 60
Arfsten, Catharina, (Wri)	37 86
Arfsten, Cornelius V., (Mid)	31 92
Arfsten, Gerret, Landw., Rebbelstieg	27 33
Arfsten, Jacob C., Bauer, Oldsum	23 24
Arfsten, John R., (Wri)	81 28
Arfsten, Martin, Bauer, (Mid)	82 53
Arfsten, Nahmen, Landw., (Mid)	32 51
Arfsten, Nickels, Landw., (Alk)	21 81
Arfsten, Norbert, Landw., Boldixumer Marsch	4 08 ⟨44 08⟩
Arfsten, Oluf S., (Wri)	23 31
Arfsten, Volkert, Erlumsweg 6	34 22
Arikan, Ismail, Mühlenstr. 28	86 31
Armbrust, Erich, Olhörnstieg 19	**82 40**
Arp, Heinz, Baben Dörp 9 Ferienwohnungen	39 77
Arp, Heinz J., Milchbar, Sandwall 42	82 50
Priv. Badestr. 32	34 57
Arp, Ilse	**37 02**
Arp, Ursula, Am Flugpl. 9	35 62

Auszug aus dem örtlichen Fernsprechbuch für die Inseln Föhr und Amrum 1984/85

Der »eingewanderte« *sen*-Name Andresen neben dem bodenständigen *en*-Namen Arfsten – zwei recht häufige Namenbeispiele aus dem Teilnehmerverzeichnis für das Ortsnetz Wyk.

Foto: H. D. Ingwersen

Koseform zu einem PN mit dem Namenelement germ. **arn-* »Adler«.

***Bay(e)** (°Bayes, später °Bayen); FA wahrscheinlich **Bai* (*Baien); möglicherweise Kurzform zu RN mit dem ersten Namenglied germ. **bag-* »Zank, Kampf«; es sind aber auch andere Herleitungen in Betracht gezogen worden.

Bese (Besis); FA *Beese* (Beesis); offenbar aus dem altdän. mPN *Bøsi* entlehnt; zu germ. **baus-* (in schwed. dialektal *bös* »wild, verwegen« und norweg. *baus* »stolz, keck«), das im weiteren auch zu nhd. *böse* zu stellen ist.

Boh (Bohn); FA *Bu(u)* (Buun); entlehnt aus dem altdän. mPN *Bōi,* zu altnord. *búi* »Bewohner«.

Boy (Boyen); FA *Bui* (Buiën); seit dem 18./19. Jh. durch Einfluß festländischer Schreibtraditionen für *Boh,* nach dem (festlandnord)fries.-nd.-nl. mPN *Boy(e);* die Herleitung ist bislang kontrovers diskutiert worden; möglicherweise zu dem keltischen Volksnamen der *Bojer (Bayern).*

Brar (Braren); FA *Broor* (Brooren); wohl identisch mit

Auszug aus den sehr umfangreichen »Geschlechter-Reihen St. Laurentii-Föhr« von Lorenz Braren

Der Ingenieur Lorenz Braren (1886-1953) entstammte selbst einer alten Westerlandföhrer Familie. Sein Lebenswerk, die »Geschlechter-Reihen St. Laurentii-Föhr«, ist auch über die Familienforschung hinaus ein wichtiger Beitrag zur Geschichte der Nordfriesischen Inseln.

5 Marret ⚹ 11.12.1740 ∞ 14.1.1763 Erk Hinrichen, Old. 227,11.

727,211 **Rörd Faltings,** 97,5, Old. ⚹ 24. 10. 1728, Ged. Rede 12.4.1778. *Sie wohnten im Elternhause der Frau, Old. Nr. 83.* — Seef. L. 57, Old. — U. P. 70, Old. VI, 2 3/4—75, 2 2/3—80, Old. V, 2 1/2.
∞ 7. 10. 1768
Krassen Nickelsen, 100, Old. 140,129, ⚹ 27. 11. 1746 ∞ 24. 11. 1780 in 2ter Ehe Arfst J. Arfsten, Tof. 624,28.

1 Tarn, 98,75, ⚹ 19.6.1769 ∞ 5.10.1792 Jürgen Jürgens, Tof. 312,121 5.

727,213 **Brar Faltings,** 97,5, Old. ⚹ 12. 10. 1732, Ged. Rede 9. 4. 1780.
1800, Wwe. Old. Nr. 64. —
Seef. L. 57. — U. P. 65, Old.Ost, IV, 2 2/3—70, Old. V, 2 3/4—75, I, 2/3—80, 1 1/2 — ·— -- 95, Erben 2 1/8.
∞ 27. 11. 1761
J. Ing Olufs, 100, Old. 111,232 1, ⚹ 11. 8. 1737 □ 17. 11. 1799.
U. P. 85, Old. V, 1 5/8—90, 2 1/24—.

1 Krassen, 98,75, ⚹ 1. 11. 1762 ∞ 25. 4. 1800 Lorentz Wögens, Ut. 606,34.

2 Oluf ⚹ 24. 5. 1765 † 17. 9. 1781.

3 Falting ⚹ 21. 9. 1768 † 1771.

4 Ing ⚹ 15. 6. 1775 † 22. 1. 1830 in Ut, *wo sie vermutlich bei ihrer Schwester wohnte.* Uneheliches Kind mit ihrem Schwager Lorentz Wögens, Ut. 606,34.

727,23 **Boh Rörden,** 100, Dun. ⚹ 11. 7. 1713 † 1788 in Klin. Nr. 143.
1800, Kdr. Klin. Nr. 143. — 1802 Thur Olufs, (Tochter)
U. P. 55, Tof. I, 2 1/3 — Seef. L. 57, Klin. — 60, 2—65, Klin 2 5/12—70, 2 1/3—75, 2 17/24—80, 2 11/24—85, 2 3/8—90, 2 1/4—95, 2 1/4—05. Kdr. u. Thur Olufs 1.
Boh besass 1765 die Feste seines Vaters Rordt Faltings, F. B. v. 26. 11. 1733.
∞ 23. 11. 1736
Tatt J. Arfsten, 95, Klin. 624,24, ⚹ 25. 8. 1715 □ 3. 6. 1798.
Tatt war im Besitz der Feste 1790.

1 Kerrin, 97,5, ⚹ 15. 9. 1737 ∞ 8. 2. 1765 Jürgen Matzen, Tof. 245,24.

2 Marret ⚹ 14. 10. 1739 ∞ 29. 11. 1765 Erk Bohn, Old. 196,64.

3 J. Arfst ⚹ 29. 9. 1741, s. unten.

4 Gundel ⚹ 14. 7. 1743 † 2. 6. 1764.

5 Rörd ⚹ 13. 12. 1744, s. unten.

6 Falting ⚹ 24. 6. 1747, s. unten.

7 Tatt ⚹ 1. 11. 1749 † 10. 1. 1842 als ältestes Gemeindeglied.
U. P. 15, Klin. Tatt Bohn und Mattje Olufs 1 1/48.

8 Thur ⚹ 7. 7. 1754 ∞ 3. 2. 1786 Oluf Lorentzen, Klin. 725,234 5.

727,233 **J. Arfst Bohn,** 97,5, Klin. ⚹ 29. 9. 1741, Ged. Rede 10. 9. 1775, wobei er Arfst Bohn genannt wird. — *Sie wohnten Klin. Nr. 136.*
Seef. L. 57, Klin. † — U.P.70, Klin. II, 1 3/4—75, 2 1/12—80, 1 11/12—85, 2 1/12—90, 2 1/24.
∞ 13. 1. 1769
Kerrin Braren, 93,75, Old. 195,651, ⚹ 20. 11. 1746.

1 Boh, 95,63, ⚹ 19. 7. 1770 †

2 Boh ⚹ 1. 8. 1773 † 11. 12. 1792.

3 J. Arfst ⚹ 17. 10. 1775, geboren nach dem Tode des Vaters † 8. 10. 1796 zu Lübeck. — Pass 1795 als Arian Arians, Tof.
J. Arfst scheint sich auch J. Arfst Bohn genannt zu haben, s. Seef. L. 95, Klin./Old. 19.

727,235 **Rörd Bohn,** 97,5, Kommandeur, Klin. ⚹ 13. 12. 1744 † 5. 7. 1824. Sie lebten in Old. — 1800, Nr. 69.—
Seef. L. 57, Klin. — U. P. 70, Old. VI, 1 7/12—75, Old. V, 1 5/8—80, 1 3/4—85, 2 5/12—90, 2 13/24—95, 4 7/8—05, Old. V, 8 1/4—15, 8 13/24—Jurat 1810 — 1817.
∞ 15. 1. 1768
Junger Elen Braren, 93,75, Old. 195, 652, ⚹ 8. 12. 1748 † 28. 11. 1815. s. Bohnh. St. L. Nr. 23.

1 Jap, 95,63, ⚹ 24. 6. 1768 † 1775.

2 Brar ⚹ 2. 9. 1770 † 1772.

3 Brar ⚹ 3. 10. 1773, s. unten.

4 Tatt ⚹ 9. 10. 1776 ∞ 30. 8. 1798 Jürgen Ketels, Old. 106,134 4.

5 J. Göntje ⚹ 9. 5. 1779 ∞ 24. 1. 1800 Jap Ketels, Old. 106,134 5.

6 Göntje ⚹ 22. 9. 1780 ∞ 9. 12. 1803 Jacob Ocken, Süd. 352,156.
∞ 4. 1. 1833 Hinrich Rickmers, Old. 649,224 3.

7 Junger Elen ⚹ 23. 12. 1783 † 1790.

727,235 3 **Brar Rörden,** 95,63, Old. ⚹ 3. 10. 1773 † 29. 1. 1854.
1800, Old. Nr. 115.
Broder Riewerts, Old. Seef. L. 95, mittel,

der Verwandtschaftsbezeichnung »Bruder«, altfries. *brōther*, f. a. *bruler;* vgl. BRODER.

Broder (Broders); FA *Bruler* (Brulers) neben jüngerem *Bruuder* (Bruuders); die ursprüngliche Vollform für den obigen mPN *Brar;* wird seit dem 17. Jh. zunehmend durch *Brar* verdrängt, kommt jedoch seit dem 19. Jh. zunehmend – durch festländischen Einfluß – wieder in Gebrauch; vgl. BRAR.

Danklef (Danklefs); FA *Toonklew* (Toonklews); Zs. aus germ. **Þank-* »Gedanke, Dank« und **hlaiƀ-* »Erbe, Sohn« (vgl. engl. *to leave* »zurücklassen«); u. U. ist das 2. Namenglied auch zu germ. **wolfa-* »Wolf« zu stellen.

Diedrich (Diedrichs); FA *Diid[e]rik* (Diid[e]riken), jünger *Diid[e]rich* (Diid[e]richen); seit dem 18. Jh. vielfach für *Erk;* entlehnt aus dem nd. mPN *Diedrich* oder nl. *Diederik*, vielfach auch in der Kurzform *Dirk;* zu germ. **Þeudō* »Volk« und dem (ursprünglich aus dem Keltischen stammenden) Namenelement **rīk(i)a-* »Herrscher, König« (vgl. gallisch *-rix*) bzw. »mächtig«. Vgl. ERK.

Drefs (Drefsen); FA *Dreews* (Dreewsen); Kurzform zu *Andreas;* vgl. ANDERS.

Clement (Clementen); FA *Kleement*, anscheinend auch **Kleemt* (Kleementen bzw. *Kleemten); entspricht dem kirchl. Papst- und Heiligennamen *Clemens;* zu lat. *clēmēns* »sanftmütig«.

Cornelius (Cornelisen); FA *Korneelis* (Korneelisen); seit dem 18. Jh. vielfach für *Ketel;* entlehnt aus dem nl. mPN *Cornelis*, nach dem lat. Familiennamen *Cornelius* (zu lat. *cornu* »Horn«?); vgl. KETEL.

°**Ebbe** (°Ebben); FA *Eeb* (*Eeben); Kurz- bzw. Koseform entweder zu PN, deren 1. Namenglied auf germ. **eƀura-* »Eber« zurückgeht oder von PN, deren 1. Namenglied altfries. *ethel* »vornehmes Geschlecht, Adel« entspricht, und deren 2. Glied mit *b-* anfängt (wie z. B. in *Albert); vgl.* Ewert.

Eck (Ecken); FA **Eek* (*Eeken); Kurz- bzw. Koseform zu PN mit dem Namenelement germ. **agjō-* »Schneide, Schwert« (f.-a. *eeg* »Schneide, Seite«), wie in nhd. mPN *Eckehard.*

°**Edde** (*Edden); FA *Eed (*Eeden); Kurz- bzw. Koseform zu RN mit dem 1. Namenglied altfries. *ethel* »vornehmes Geschlecht«.

*__Edlef__ (°Edlefs); FA wahrscheinlich **Eedlew* (*Eedlews); Zs. aus germ. **aÞ-* »Gut« und **wolfa-* »Wolf« (= nhd. Adolf); vgl. Ade, Edde.

Erk (Erken); FA *Iark* (Iarken); Zs. aus germ. **aiz-* »Ehre« (altfries. *ēre,* f.a. *iar*) und dem Namenelement **rīk-* »Herrscher« bzw. »mächtig« (bezügl. **rīk-* vgl. Diedrich).

Eschel (Eschels); FA *Eskel* und *Askel* (Eskels bzw. Askels), jünger *Eschel* (Eschels); entlehnt aus dem altdän. mPN *Æskil* (= altnord. *Ásketill*); zu altnord. *áss* »Ase (= Gottheit)« und *ketill* »Kessel, Helm«; vgl. Ketel.

°**Ewert** (*Ewerts); FA *Eewert (*Eewerts); Zs. aus germ. **eÞura-* »Eber« und **harðu-* »stark, tapfer, mutig« (entspräche dann dem nhd. mPN *Eberhard);* das 2. Namenelement könnte wohl auch auf germ. **berhtaz* »glänzend, berühmt« (wie in *Albrecht) zurückgehen.*

Porträt des Jens Jacob Eschels *(1757 - 1842)*

Jens Jacob Eschels aus Nieblum, unter anderem einer der Nachkommen des Matz Peters (= »Der Glückliche Matthias«), ist der Nachwelt vor allem durch seine 1835 erschienene Autobiographie »Lebensbeschreibung eines Alten Seemannes« (Nachdruck 1983) bekannt geworden. Jens hieß eigentlich nach seinem Vater Jacob Eschels Jens Jacobs. »Da aber derzeit drei Jens Jacobs in unserem Dorfe waren«, so berichtet er selbst in seiner Lebensbeschreibung, »so setzte jeder Jens Jacobs seines Vaters Zunamen dabei, um uns zu unterscheiden, und also hieß ich in unserem Dorfe Jens Jacob Eschels.« Während seiner holländischen Seefahrtszeit, die er bereits als 11jähriger antrat, nannte er sich zeitweilig auch Jan Jacobs, weil nach seinen eigenen Bekundungen viele Holländer seinerzeit über die ihnen ungewohnten Föhrer Namen spotteten. Nach ausgesprochen erfolgreichen Jahren als Handelskapitän ließ er sich als Kaufmann in Altona nieder. Dort ist er auch gestorben.

(Bei der Abbildung handelt es sich um einen Ausschnitt aus einem Porträt, das sich im Besitz der Nachkommen befindet.)

Falting (Faltings); FA *Faalting* (Faaltings); die Herleitung ist schwierig; offenbar liegt eine Zs. vor aus dem mRN *Folt* und dem Suffix (Endung) *-ing,* die eine Zugehörigkeit zu etwas bezeichnet (dann etwa im Sinne von »Sohn des ...«), aber auch lediglich Dimin. sein kann. *Folt* ist als eine Kurzform zu einem RN mit dem 1. Namenglied *Folt-/Fold-* angesehen worden, das man zu altengl. *folde* »Erde, Land«, altnord. *fold* »Erde, Land, Weide« stellt; zu germ. **fold-*, ablautend auch **fald-*, **feld-* in der ursprünglichen Bedeutung »eingezäuntes Stück Ackerland« (vgl. auch nhd. *Feld*); eine Kurzform zu einem RN mit dem 1. Namenglied *Folk-* (zu germ. **fulka-* »Volk«) + *t*-Suffix wäre wohl theoretisch auch denkbar.

Fedder (Fedders); FA *Feeder* (Feeders); Kurzform eines mRN, der dem nhd. mRN *Friedrich* entspricht; zu germ. **friþu-* »Friede, Schutz« (vgl. f. a. *frees* »Friede«) und dem Namenelement **rīk-* »mächtig« bzw. »Herrscher« (vgl. Died*rich*); wird alternativ dazu auch als »Vater« gedeutet, zu germ. **fadēr* »Vater« (vgl. f. a. *feeder* »Vorfahr«).

Früd (Früdden); FA *Früd,* neben *Fröd* und *Fred* (Früden, Fröden und Freden); eine Kurzform, die im weiteren offenbar zu altfries. *frōd* »klug, weise« zu stellen ist.

Fulk (Fulken); FA *Fulk* (Fulken) aus älterem **Foolk;* Kurzform eines RN mit dem Namenelement *folk-*, zu germ. **fulka-* »Volk, Kriegshaufen«; vgl. VOLKERT.

Gadmer (Gadmers); FA wahrscheinlich **Gaadmer*

(*Gaadmers), vielleicht auch **Goodmer* (*Goodmers); die Herleitung des 1. Namengliedes ist schwierig: Möglicherweise liegt eine Verbindung vor zu dem Volksnamen der Goten, andere stellen es zu *gut* (f. a. *gud, good)* oder zu *Gott;* das zweite Namenglied *-mer* entspricht germ. **mēri-* »berühmt«.

Gerret (Gerrets); FA *Geret* (Gerets); entlehnt aus dem nl. mRN *Gerrit,* zu germ. **gaiza-* »Speer« (= *Ger)* und **harðu-* »stark, tapfer« (= nhd. RN *Gerhard);* seit dem 18. Jh. durch nl. Einfluß vielfach für Girre.

Gillef (Gillefs); FA *Jilew* (Jilews); Zs. aus germ. **gelða-* »Opfer, Zahlung, Vergeltung« (vgl. f.a. *jil, nhd. Geld)* und germ. **wolfa-* »Wolf«, vielleicht auch **hlaiƀ-* »Erbe, Sohn«.

Girre (Girris) ; FA *Gire* (Giris); Kurz- bzw. Koseform zu einem RN mit dem Namenelement *ger-,* zu germ. **gaiza-* »Speer«; vgl. Gerret.

°Gunne (°Gunnen); FA **Gon* (*Gonen); entlehnt aus dem altdän. mRN *Gunni,* eine Kurzform mit dem Namenelement altnord. *gunnr* »Kampf«.

Hark (Harken); FA *Haark* (Haarken); Dimin. zu Harre (s. u.).

Harmen (Harmens); FA **Haarmen* (*Haarmens); entspricht dem deutschen mRN *Hermann;* Zs. aus germ. **harja-* »Heer« und **mann-* »Mann«; scheint im 17./18. Jh. aus dem nl. (westfries.) Raum entlehnt worden zu sein.

°Harre (°Harren); FA wahrscheinlich **Haar* (*Haaren); Kurz- bzw. Koseform zu einem RN mit dem 1. Namenglied *Her-,* zu germ. **harja-* »Heer«; vgl. Hark, Harmen, Harring.

°Harring (°Harrings); FA wahrscheinlich **Haaring* (*Haarings); zu Harre (s. o.) mit dem Suffix *-ing* (bezügl. *-ing* vgl. *Falting*).

Haulk (Haulken); FA *Hauelk*, osterlandföhr. *Haawelk* (Haulken, Haawelken); entlehnt aus dem jüt. mRN *Hovle* und mit der Diminutivendung *-k* versehen; aus dem altnord. mRN *Hugleikr*, zu altnord. *hugr* »Sinn, Gedanke, Mut« und *leikr* »Spiel«.

Grabstein des Hark Olufs *(1708 – 1754) aus Süddorf*

Eine der schillerndsten Figuren der inselnordfriesischen Seefahrtsepoche war der Amringer Hark Olufs. Als 16jähriger geriet er mit der übrigen Mannschaft eines Hamburger Dreimasters in die Hände türkischer Seeräuber, die ihn und seine Kameraden auf einem nordafrikanischen Sklavenmarkt verkauften. Im Dienste des Bey von Constantine (Algerien) brachte er es — als Sklave! — zum Schatzmeister und später sogar zum Oberbefehlshaber über eine große Reiterarmee. Erst 1736 konnte er als freier Mann nach Amrum zurückkehren. Sein stattlicher Grabstein mit der Krone, dem Zepter und dem Schwert, als den Insignien seines langjährigen osmanischen Herren, steht heute noch auf dem heimatlichen Friedhof in Nebel — gleichsam als steinernes Zeugnis seiner orientalischen Eskapaden.

Foto: G. Quedens

Hay (Hayen); FA *Hai* (Haien); über die Herleitung gibt es verschiedene Auffassungen; wahrscheinlich Kurz- bzw. Koseform eines RN mit dem 1. Namenglied *Hag-*, zu germ. **hag-* »umzäuntes Grundstück«.

Heddring (Heddrings); FA **Hedring* (*Hedrings); offenbar eine Zs. aus einem mRN **Hedder* und dem Zugehörigkeitssuffix (-endung) *-ing* (vgl. *Falting*); die Herleitung von **Hedder* ist schwierig: Wahrscheinlich liegt eine 2stämmige Form vor, deren 1. Glied vielleicht zu germ. **haþu-* »Hader, Kampf« zu stellen ist, und deren 2. Glied ein *-r-* enthält, wie in dem althochdeutschen mPN *Hadugēr* (*-gēr* = »Speer«). Wie *Hadugēr* ist gegebenenfalls auch der westfries. mRN *Hedser* herzuleiten, der dann mit obigem **Hedder* identisch sein könnte; allerdings ist wohl auch denkbar, daß **Hedder* aus dem altdän. mRN **Hathær* (in dem Ortsnamen *Haderslev*) entlehnt ist.

Henrik (Henriken); FA *Henerk* (Henerken); entspricht dem nhd. RN *Heinrich;* das erste Namenglied *Hen-*, *Hin-* oder *Hein-* ist nicht sicher herzuleiten; das 2. Namenglied *-rik* entspricht germ. **rīk-* »mächtig« oder »Herrscher«; bezügl. germ. **rīk-* vgl. DIEDRICH).

Hinrich (Hinrichen, in jüngerer Zeit auch Hinrichsen); jüngere, nd. Schreibform für älteres *Henrik* s. o.

Ingwert (Ingwerts); FA *Ingwert* (Ingwerts); auf Föhr erst im 19. und 20. Jh. häufig, davor keine Belege; entweder eine Entlehnung aus dem Festlandnordfriesischen oder eine spontane, bodenständig f. a. Bildung nach festlandnordfries. *Ingwer*, das wiederum eine Entlehnung aus dem altdän. mRN *Ingwar* ist, zu dem altnord. Götternamen *Yngvi.* Sprachlich gesehen gehört das 2. Namenglied *-wert* in *Ingwert* zu germ. **warda-* »Hüter, Beschützer«.

Jan (Jannen); FA *Jan* (Janen); nl.-nd.-fries. Kurzform für den kirchl. Heiligennamen *Johannes,* zu hebr. *Johanan* »Gott ist gnädig«; seit dem 18. Jh. durch nl. Einfluß häufig für *Jens;* vgl. JENS, JON.

Jap (Jappen); FA *Jaap* (Jaapen); fries. Form des kirchl. PN *Jacob,* zu hebr. *Ja'aqob* »er verdrängte (seinen Bruder)«.

Jens (Jensen); FA *Jins* (Jinsen); entlehnt aus dem dän. PN *Jens,* identisch mit dem kirchl. PN *Johannes;* vgl. JAN, JON.

Jepk (Jepken); FA *Jepk, Jipk* (Jepken, Jipken); Dimin. zu JAP (s. o.).

Jirrin (Jirrins); FA *Jirin* (Jirins); identisch mit dem kirchl. PN *Georg,* zu griech. *georgos* »Landmann«; vgl. JÜRGEN.

Jon, John (Jonen, Johnen); FA *Juun* (Juunen), heute *Jon;* identisch mit dem RN *Johann,* einer Kurzform zu *Johannes,* dem Namen des Schutzpatrones der St.-Johannis-Kirche in Nieblum; vgl. JAN, JENS.

Jilke (kein Patronymikon überliefert); FA *Jilke;* Kurzform zu einem RN mit dem Namenelement germ. **gelða-* »Opfer, Zahlung, Vergeltung« (vgl. GILLEF); der RN stammt offensichtlich aus dem Westfries.

Jürgen (Jürgens); FA *Jirin* (Jirins), später *Jörgen* (Jörgens); nd. Schreibform für f. a. *Jirin;* vgl. JIRRIN.

Ketel (Ketels); FA *Tjidel* (Tjidels); entlehnt aus dem altdän. mRN *Kætil,* zu altnord. *ketill* »Kessel, Helm«; vgl. ESCHEL.

Todesanzeige aus dem INSEL-BOTEN *1885*

Der in der Todesanzeige betrauerte HAY KNUDSEN (1801 – 1885) hieß nach seinem Vater KNUDT NICKELSEN zunächst HAY KNUDTEN. Er gehört zu der letzten Generation, die ihren Nachnamen noch patronymisch bildete. Die patronymische Namengebung wurde ja – wie oben erwähnt – auf Westerlandföhr 1828 untersagt. Später hat HAY die ältere und angestammte Namenform KNUDTEN (fries. KNÜTJEN) nach festländischem oder dänischem Vorbild in KNUDSEN abgewandelt. Seinen Vornamen beließ er jedoch in der alten, echt föhring-amringer Form und änderte ihn nicht, was in jener Zeit nicht selten geschah, in HINRICH. HAY war zu seinen Lebzeiten ein recht erfolgreicher Handelskapitän und später Landwirt in Utersum.

(Quelle: INSEL-BOTE vom 1. 4. 1885; Archiv des INSEL-BOTEN in Wyk auf Föhr)

Foto: W. ELLERMANN

Am 26. März, Abends 8½ Uhr, entschlief sanft und ruhig nach kurzer Krankheit der frühere Schiffskapitän

Hay Knudsen

im Alter von 83 Jahren, tief betrauert von seinen

Kindern, Schwiegerkindern und Enkeln.

Utersum, 31. März 1885.

Die Beerdigung findet am Charfreitage, Vormittags 9½ Uhr, statt.

Knut (Knuten); FA *Knütj* (Knütjen); entlehnt aus dem altdän. RN *Knūt;* vielleicht zu altnord. *knūtr* »Knoten«.

Lorenz (Lorenzen); FA *Luurens* (Luurnsen); identisch mit dem kirchl. Heiligennamen *Laurentius,* dem Namen des Schutzpatrons der St.-Laurentii-Kirche auf Westerlandföhr; zu lat. *laurentius* »lorbeerbekränzt«.

Magnus (Magnussen); FA *Mangens* (Mangensen); nordischer Königs- und Heiligenname, gebildet nach dem Vorbild *Carolus Magnus* = »Karl der Große«; zu lat. *magnus* »groß«.

°**Mamme** (°Mammen); FA **Maam* (*Maamen), möglicherweise auch **Moom* (*Moomen); Herleitung der Koseform ungewiß, vielleicht ein sogenanntes »Lallwort« aus der Kindersprache.

Martin (Martens, Martinen); FA *Maarten* (Maartens), auf Amrum auch *Martiin* (Martiinen) mit der Betonung auf der zweiten Silbe; identisch mit dem kirchl. Heiligennamen *Martinus,* Dimin. zu lat. *martius* »von Mars (= röm. Kriegsgott)«.

Matz (Matzen); FA *Maads* (Maadsen); entlehnt aus dem dän. RN *Mads* = kirchl. Heiligenname *Matthias* (und/oder *Mattheus);* hebr. Herkunft in der Bedeutung »Geschenk Gottes«.

Menke (Menken); FA vielleicht **Meenk* (*Meenken), vielleicht aber auch **Mentj* (*Mentjen); Kurz- bzw. Koseform zu einem RN mit dem 1. Namenglied germ. **magin-* »Kraft« und der Dimin.-Endung *-ke.*

Nahmen (Nahmens); FA *Naamen* (Naamens); Herkunft ungewiß; vielleicht aus der Kindersprache; wird von manchen zu dem folgenden Nane gestellt.

Sir Isaac Newton *(1643 – 1727) auf der Rückseite einer englischen Pfundnote*

Der große englische Physiker und Mathematiker Isaac Newton, anfänglich Professor in Cambridge und später Präsident der Royal Society in London, trug mit dem von ihm entdeckten Gravitationsgesetz und der von ihm entwickelten Integralrechnung wesentlich zur Verbesserung der damaligen Schiffsnavigation bei. Die Newtonschen Gesetze waren den meisten inselnordfriesischen Schiffsoffizieren ebenso geläufig wie die 10 Gebote. Ihm zu Ehren tauften viele föhring-amringer Seeleute ihre Söhne auf den Vornamen Newton.

°**Nane** (*Nanen); FA möglicherweise **Naan* (*Naanen); keine gesicherte Herleitung; vielleicht zu germ. **nanþ-* »Kampf« (wie in nhd. *Ferdinand).*

Nanning (kein Patronymikon auf Föhr überliefert); FA *Naning;* entlehnt aus gleichlautendem westfries. RN *Nanning;* seit dem 18. Jh. vielfach für *Nickels;* es handelt sich offenbar um eine mit dem Zugehörigkeitssuffix (-endung) *-ing* erweiterte Form von obigem NANE.

Newton (kein Patronymikon auf Föhr und Amrum überliefert); FA *Neuton* [sprich: *Nöiton, Neuton*]; seit dem 18. Jh. (hauptsächlich auf Osterlandföhr) nach dem englischen Physiker und Mathematiker ISAAC NEWTON (1643 — 1727), der das Gravitationsgesetz entdeckte und damit die Navigationslehre seinerzeit erheblich verbesserte. Auf Föhr befanden sich während der sogenannten »Seefahrerzeit« mehrere Navigationsschulen.

Nickels (Nickelsen); FA *Negels* (Negelsen); identisch mit dem kirchl. Heiligennamen *Nikolaus,* dem Namen des Schutzpatrons der St.-Nicolai-Kirche in Boldixum; zu griech. *nikè* »Überwindung« und *laos* »das Volk«.

Ocke (Ocken); FA *Ook* (Ooken); eine sehr verkürzte Koseform zu einem RN, dessen 1. Namenglied möglicherweise zu germ. **ōþal-* »Erbgut, Heimat, Landbesitz« zu stellen ist, andere führen es auf germ. **auða-* »Besitz, Reichtum« zurück, (was vielleicht aus fries. Sicht weniger gut paßt); diese u. U. aus der Kindersprache stammende Kurzform dürfte aber auch weitere Kombinationen zulassen.

°Odde (°Odden); FA **Ood* (*Ooden); entspricht dem nhd. mRN *Otto,* altsächsisch *Od(d)o,* der im Mittelalter recht populär war und gewöhnlich zu germ. **auða-* »Besitz, Reichtum« gestellt wird; dann könnten die friesischen Formen einst einem altsächsischen *Oddo* entlehnt sein; möglicherweise entstammt aber nordfries. *Odde* dem altdän. mRN *Odde,* zu altnord. *oddr* »(Pfeil-, Speer-) Spitze«.

Oesum (Oesums); FA *Öösem* (Öösems); Zs. aus germ. **ans-* »Ase (= germ. Gottheit)« und **mund-* »Schutz«; vgl. auch den engl. mRN *Osmond* und altnord. *Ásmundr.*

Olde (Oldis); FA *Ole* (Olis); Kurzform eines RN, der meist zu germ. **alða-* »alt« gestellt wird; dann ist f. a. *Olde* vielleicht nd. Herkunft. Möglicherweise liegt aber auch eine Umstellung zu germ. *ōÞal-* »Erbgut, Heimat, Landbesitz« vor.

Oluf (Olufs); FA *Ulew* (Ulews); entlehnt aus dem altdän. mRN *Olef, Olof* (= altnord. mRN *Áleifr, Óláfr*); zu urnord. **anu-* »Vorfahre, Stammvater« und **hlaibaR* »Erbe, Sohn«.

Paul (Pauls, später Paulsen); FA *Pauel,* osterlandföhr. *Paawel* (Pauels, Paawels); entspricht dem Apostelnamen *Paulus,* zu lat. *paulus* »klein«.

Peter (Peters); FA *Päder, Päler, Piter* (Päders, Pälers, Piters); entspricht dem Apostelnamen *Petrus,* zu griech. *petra* »Fels«.

Poppe (Poppen); FA *Poop* (Poopen); offenbar eine aus der Kindersprache stammende, stark verkürzte Form; vielleicht zu einer Kurzform mit dem Namenelement *folk-* »Volk«; vgl. VOLKERT.

Rauert (Rauerts); FA *Rauert*, auf Osterlandföhr wohl auch **Raawert* (Rauerts, *Raawerts); Zs. aus germ. **ræða-* »(kluger) Ratschlag« und **warda-* »Hüter«; vgl. RÖRD.

°**Redlef** (*Redlefs); FA möglicherweise **Reedlew* oder **Redlew;* Zs. aus germ. **ræða-* »(kluger) Ratschlag« und umgestelltem *-lef* aus *-olf* zu germ. **wolfa-* »Wolf«.

Rickert, (Rickerts); FA *Rekert* (Rekerts); Zs. aus germ. **rīkja-* »mächtig« und **warda-* »Hüter«.

Ricklef (Ricklefs); FA *Raklew* (Raklews); Zs. aus germ. **rīkja-* »mächtig« und germ. **wolfa-* »Wolf« (vielleicht auch **hlaib-* »Erbe, Sohn«); der RN kommt auch im Altsächsischen als *Ricolf* und *Riclêf*, im Altnord. als *Ríkulfr* vor.

Rickmer (Rickmers); FA *Rakmer* (Rakmers); Zs. aus germ. **rīkja-* »mächtig« und **mēri-* »berühmt«.

Riewert (Riewerts); FA *Riiwert* (Riiwerts); entlehnt aus dem westfries. mRN *Riewerd*, einer Zs. aus germ. **ræða-* »Rat« und **warda-* »Hüter«; durch nl. Einfluß seit dem 18. Jh. vielfach für RÖRD (s. u.).

Roluf (Rolufs, Roeloffs); FA *Ruulew* (Ruulews); entlehnt aus dem nl. mRN *Roelof* (= nhd. *Rudolf*); Zs. aus germ. **hrōþ-* »Ruhm« und **wolfa-* »Wolf«; seit dem 18. Jh. durch nl. Einfluß vielfach für OLUF (s. o.).

Rörd (Rörden); FA *Rörd* (Rörden); Zs. aus germ. **ræða-* »(kluger) Ratschlag« und **warda-* »Hüter«; vgl. RAUERT, RIEWERT.

Sam (Sammen); FA *Sam* (Samen); Herkunft ist nicht sicher; möglicherweise eine Kurzform zu einem

Die 1794 in Sonderburg gebaute Bark »Fortroelighed«, 1794-95 unter Kapitän DIEDRICH ROELOFFS *aus Süderende*

DIEDRICH ROELOFFS (1753-1834) wurde als ERCK JUNG OLUFS in Süderende geboren. Seine kurze Kindheit verbrachte er in eher bescheidenen Verhältnissen, und so mußte er bereits als 10jähriger zur See fahren, anfangs auf Walfängern, später auf Handelsschiffen. Nach damaliger Sitte hollandisierte er seinen Namen als DIEDRICH ROELOFFS. Diesen Namen behielt er auch später in der Heimat bei. DIEDRICH ROELOFFS legte den Grundstein für ein großes Familienvermögen, das ihn und seinen Sohn zu den angesehensten und einflußreichsten Persönlichkeiten des 19. Jahrhunderts auf Föhr werden ließ.

(Die obige Zeichnung stammt von Gunnar Peetz; nach einem Schiffsbild, das heute noch im Stammhaus ROELOFFS in Süderende hängt). Foto: B. ROELOFFS

RN, dessen 1. Namenglied germ. **sanþa-* »Wahrheit« sein könnte, vielleicht liegt aber auch eine Kurzform zu dem kirchl. RN *Samuel* vor, zu hebr. *Schemuēl* »der Name ist Gott«.

Schwen (Schwennen); FA vermutlich **Sween*, **Swään* (*Sweenen, *Swäänen); entlehnt aus dem altdän. mRN *Swēn;* zu altnord. *sveinn* »freier Mann, der in eines anderen Mannes Diensten steht«.

Sönke (Sönken); FA *Sönk* (Sönken); Dimin. zu Sönne (s. u.).

Sönne (Sönnen); FA *Sön* (Sönen); = f.a. *sön* »Sohn«; vgl. Sönke.

Tade (Tadis); FA *Taade* (Taadis); wohl eine kindersprachliche Koseform mit unsicherer Herkunft; vielleicht zu germ. **Þeudō* »Volk« (vgl. altfries. *thiād* »Volk, Leute« und das Wort *deutsch*); andere stellen den RN zu germ. **tait-* »heiter, froh«.

°**Tam** (Tammen); FA **Taam* (Taamen); Kurz- bzw. Koseform zu einem RN, dessen erstes Namenglied germ. **Þank-* »Dank, Gedanke« war, und dessen 2. Namenglied mit *m-* begann (vgl. den altsächs. RN *Thancmar);* vielleicht liegt aber auch eine Kurzform zu einem RN vor, wie er in altsächs. *Thiadmar* überliefert ist, zu germ. **Þeudō-* »Volk« und **mēri-* »berühmt«.

°**Tanke** (°Tankis); FA **Toonke* (*Toonkis); Kurz- bzw. Koseform zu einem RN mit dem Namenelement germ. **Þank-* »Dank, Gedanke«; vgl. Danklef.

Tay (Tayen); FA *Tai* (Taien); möglicherweise Kurz- bzw. Koseform zu einem RN mit dem Namenelement germ. **Þeudō-* »Volk«; vgl. Tade.

Tönis (Tönissen); FA *Töönis* (Töönisen); entlehnt aus dem nl. RN *Teunis*, einer Kurzform zu dem lat. RN *Antonius*, dessen Herkunft dunkel ist; seit dem 18. Jh. durch nl. Einfluß oft für TAY und TÜCKE (siehe dort).

Torlich (Torlichen); FA *Tuurelk* (Tuurelken); entlehnt aus dem altdän. RN *Thōrlāk* bzw. *-lēk* (= altnord. RN *Þórleikr*); Zs. aus dem altnord. Götternamen *Þórr* »Donar, Thor« und *leikr* »Spiel, Kampf«.

Tücke (Tückis); *Tüke* (Tükis); entlehnt aus dem altdän. RN *Tūki* mit unsicherer Herkunft; vielleicht eine Kurzform zu einem RN mit dem Namenelement *Thōr-* (zu dem nord. Götternamen *Thor*), u. U. zu *Thōrkil*.

Urban (Urbans); FA *Urben* (Urbens); identisch mit dem lat. RN *Urbanus* (Heiligen- u. Papstname); zu lat. *urbs* »Stadt«.

Volkert (Volkerts); FA *Foolkert* (Foolkerts); Zs. aus germ. **fulka-* »Volk, Kriegshaufen« und germ. **warda-* »Hüter«; dann ist *Volkert* identisch mit dem auf dem nordfriesischen Festland weitverbreiteten mRN *Volquard*.

Wögen (Wögens); FA *Woögen* (Wöögens); entlehnt aus dem altdän. RN *Woghn*; Herkunft nicht gesichert; möglicherweise zu altnord. *vagn, vǫgn* »Wagen«.

Wiege des Tücke Simon Groot *(1773 – 1856) aus Midlum*

Tücke entstammte einer alten, wohlhabenden Seefahrerfamilie Osterlandföhrs, die viele Schiffsführer hervorgebracht hat. Der ungewöhnliche Familienname Groot ist ursprünglich lediglich ein Beiname seines Vaters Simon Tückis (Groot), der erst bei den Kindern zum festen Familiennamen wird. Feste Familiennamen, die nicht den Gesetzen der patronymischen Namengebung unterlagen, gab es auf Föhr und Amrum vor 1800 nur in wenigen ansässigen Familien. Zu diesen Ausnahmen zählen die noch heute verbreiteten Familiennamen Flor, Beelendorf bzw. Behlendörp und Quedens. (Die Wiege steht im Friesen-Museum in Wyk/Föhr.) Foto: W. Lüden

Weibliche Rufnamen

Angert; FA **Angert* (oder **Aangert?* oder **Ongert?);* möglicherweise eine Zs. aus germ. **and-* »Zorn, Kampflust« und **garða-* »umzäunter Platz, Hof(platz)« oder germ. **gazdjō* »Zweig, Sproß, Gerte«(vgl. altfries. *jerde* »Gerte, Rute«, engl. *yard* »Meßrute, engl. Maßeinheit«) und dann als Namenglied in der Bedeutung »junger Sproß (der Familie)«; der RN scheint auf Föhr und Amrum nicht bodenständiger Herkunft zu sein.

Anke; FA *Anke;* Dimin. zu ANN (s. u.).

Ann; FA *An,* wahrscheinlich früher auch **Oon;* entspricht dem bibl. wPN *Anna,* der griech. Form für hebr. *Hanna* »die Begnadete, Liebliche«.

Antje; FA *Antje;* eine seit dem 18. Jh. durch nl. Einfluß vermittelte Diminutivform zu *Anna;* vgl. ANN.

Botille; FA *Butil* (mit der Betonung auf der zweiten Silbe); entlehnt aus dem jüt. wPN *Botille,* einer Zs. aus altnord. *bót* »Buße« und *hildr* »Kampf«.

Ehlen; FA *Eelen;* identisch mit dem kirchl. Heiligennamen *Helena,* der griech. Herkunft ist, in der Bedeutung »Fackel (= die Strahlende)«.

Ehlin; FA *Eeliin;* identisch mit EHLEN (s. o.).

Eike; FA *Eike;* eine durch nl.-westfries. und festlandnordfries. Einfluß vermittelte Koseform zu RN mit dem Namenelement germ. **agjō* »Schwert«.

Elke; FA *Eelke;* Kurz- bzw. Koseform zu RN mit dem Erstglied altfries. *ethel* »edel« oder *ethil* »Erbgut«; vielleicht zu *Adelheid;* seit dem 18. Jh. vielfach für EHLEN; möglicherweise durch nl. Einfluß aus dem südfries. Raum entlehnt.

Elspe; FA **Elspe* oder **Eelspe;* entlehnt aus dem Nd.; Kurzform zu *Elisabeth;* zu hebr. *Elisjeba* »Gott ist mein Zeuge«.

Ganner; FA *Ganer;* Herleitung nicht ganz eindeutig; möglicherweise zu germ. **gand-* »Zauberstab« und **war-* »Schutz, Verteidigung«; dann wohl auf Föhr und Amrum nicht bodenständiger Herkunft.

Gantje; FA *Gantje;* Dimin. bzw. Koseform zu obigem GANNER (s. o.).

Gesche; FA *Geeske;* Dimin. einer Kurz- bzw. Koseform zu RN mit dem Namenelement *Ger-,* zu germ. **gaiza-* »Speer«.

Gerlich; FA *Giarlig;* ältere Entlehnung aus dem altdän. wRN *Gerløgh,* einer Zs. aus altnord. *geirr* »Ger, Wurfspeer« und dem Namenelement germ. **laug-,* dessen Bedeutung nicht gesichert ist — vielleicht zu altnord. *laug* »Bad«.

Göntje; FA *Göntje;* Koseform zu GUNDEL (s. u.).

Gundel; FA *Gonel;* Zs. aus germ. **gunþ-* »Kampf« und **hild-* »Streit, Kampf«; identisch mit dem altdän. wRN *Gunnilt* und möglicherweise aus diesem entlehnt.

Herlich; FA vielleicht **Hiarlig;* entlehnt aus dem altdän. wRN *Herløgh,* einer Zs. aus germ. **harja-* »Heer« und dem Namenelement *-laug;* vgl. GERLICH.

Ing; FA *Ing;* Kurzform zu RN, deren 1. Namenelement zu germ. **Ingwaz* »german. Gottheit« zu stellen ist.

Ingke; FA *Ingke;* Dimin. zu ING (s. o.).

Kathrin; FA *Katriin* (mit der Betonung auf der zweiten Silbe); entspricht dem kirchl. Heiligennamen

Catharina, zu griech. *katharos* »rein, sauber«; vgl. Kerrin, Taran, Trinke.

Keike; FA *Keike;* entlehnt aus dem nl.-westfries. Sprachgebiet; Kurz- bzw. Koseform zu *Cornelia* (vgl. Cornelius); seit dem 18. Jh. vielfach für Kerrin (s. u.).

Kerrin; FA *Kerin;* entlehnt aus dem altdän. wRN *Karin;* entspricht dem kirchl. Heiligennamen *Catharina;* vgl. Kathrin.

Kier; FA möglicherweise **Kiar* und im weiteren zu dän. *kær* »lieb, teuer«; wahrscheinlich Entlehnung aus dem Jüt.

Krassen; FA *Krasen;* identisch mit dem kirchl. wRN *Christina,* zu griech. *christos* »der Gesalbte« (= Jesus Christus); vgl. Kresde, Kreske, Stienke.

Kresde; FA wahrscheinlich **Kreste;* Kurzform zu *Christine;* vgl. Krassen.

Kreske; FA *Kreske;* Dimin. zu Kresde (s. o.).

Marret; FA *Maret;* identisch mit dem christlichen Heiligennamen *Margarete,* zu griech. *margaritès* »Perle«.

Marrin; FA *Marin;* identisch mit dem engl. und französ. wRN *Marina,* der weibl. Form zu dem christl. Heiligennamen *Marinus,* zu lat. *marinus* »von der See (stammend)«.

Matje; FA *Matje;* offenbar entlehnt aus dem nl. wRN *Matje;* Herkunft nicht gesichert.

Matthei; FA *Matei;* vielleicht aus älterem **Matthia,* einer weiblichen Form zu *Matthias;* vgl. Matz.

Meike; FA *Meike;* Koseform zu dem bibl. RN *Maria;* im 17./18. Jh. entlehnt aus dem nl.-westfries. wRN *Maaike.*

Moild; FA *Mual;* Zs. aus germ. **mōða-* »starke Seelenstimmung, heftige Erregung, Zorn« und **hild-* »Streit, Kampf«; identisch mit dem altdän. wRN *Moeld,* aus dem die f. a. Form entlehnt sein dürfte.

Oes; FA *Uas;* wohl entlehnt aus dem altdän. wRN *Asa,* zu altnord. *áss* »Ase (germ. Gottheit)«.

Oske; FA wohl **Uaske;* Dimin. zu obigem Oes.

Pöpke; FA **Pöpk(e);* Dimin. zu Poppe (s. u.).

Poppe; FA **Poop;* entweder weibl. Form zu dem mRN *Poppe* oder identisch mit nhd. *Puppe.*

Rahn; FA *Raanj;* Kurzform eines wRN mit dem Namenelement germ. **ragin-* »Rat, weiser Ratschluß«.

Seike; FA *Seike;* Kurz- bzw. Koseform eines RN mit dem Namenelement germ. **sigi-* »Sieg« + Dimin.-Endung *-ke;* vielleicht aus nl.-westfries. *Sijke, Sykje* etc. entlehnt; vgl. Sieke.

Sesle; FA *Sesle;* entlehnt aus dem altdän. wRN *Sidsele;* identisch mit dem RN *Caecilia,* eine verkleinernde Ableitung zu lat. *caecus* »blind«; Caecilius war der Name eines vornehmen römischen Geschlechts.

Sieke, Sicke; FA *Sike;* eine offenbar im 18. Jh. durch nl. Einfluß entlehnte nl.-westfries. Kurzform eines RN mit dem Namenelement *Sig-,* zu germ. **sigi-* »Sieg«; vgl. Sieke.

Stienke; FA *Stiinke, Stiintje;* Kurzform zu *Christina* + Dimin.-Endung *-ke;* vgl. Krassen, Kreske.

Talke; FA *Talke;* entlehnt aus dem gleichlautenden nl.-westfries. wRN *Talke,* offenbar eine Koseform für *Adelheid;* vgl. Elke; seit dem 18. Jh. durch nl. Einfluß vielfach für Taran (s. u.).

Taran; FA *Taaren;* Herleitung ist nicht ganz eindeutig, aber wahrscheinlich eine kindersprachliche Umbildung zu dem altdän. wRN *Karen,* der im weiteren identisch ist mit dem kirchl. RN *Catherina;* vgl. KATHRIN.

Tatt; FA *Tat;* Kurzform eines wRN mit dem Namenelement altfries. *thiād* »Volk, Leute«.

Tattje; FA *Tatje;* Dimin. zu TATT (s. o.).

Tesje; FA *Tesche;* kindersprachliche Koseform zu KRESKE (s. o.); in neuerer Zeit auch für *Therese.*

Therr; FA *Ter;* entlehnt aus dem altdän. wRN *Thyre* (oder *Thøre*?); zu dem Namenelement *Thor-* (altnord. *Þórr)* »Thor (Donar)«.

Therke; FA *Terke;* Dimin. zu obigem THERR.

Thorlich; FA **Tuurlig;* identisch mit dem altnord. wRN *Þórlaug,* einer Zs. aus altnord. *Þórr* »Thor (german. Gottheit)« und dem Namenelement germ. **laug-,* dessen Bedeutung nicht klar ist; (vgl. GERLICH).

Thul; FA sehr wahrscheinlich **Tuul;* entlehnt aus dem altdän. wRN *Tola,* einer Kurzform zu dem wRN *Thorlof,* aus dem altnord. wRN *Þórleif;* zu altnord. *Þórr* »Thor (german. Gottheit)« und *leif* »Erbschaft«.

Thulke; FA sehr wahrscheinlich **Tuulke;* Dimin. zu THUL (s. o.).

Thur; FA *Tuur;* entlehnt aus dem altdän. wRN *Thora,* einer Kurzform zu RN mit dem Namenelement *Thor* (vgl. THORLICH).

Thurke; FA *Tuurke;* Dimin. zu obigem THUR.

Tinne; FA *Tine;* eine besonders im 19. Jh. beliebte Koseform aus *Christina, -e;* vgl. KRASSEN, KRESKE.

Trinke; FA *Triinke;* Kurzform mit der Dimin.-Endung *-ke* zu *Catharina;* vgl. CATHRIN.

Vollig; FA *Foolig;* ein in Nordfriesland weiter verbreiteter wRN, dessen 1. Namenglied anscheinend auf einer Kurzform zu germ. **fulka-* »Volk, Kriegshaufen« beruht und dessen 2. Namenglied *-lig* (wie in GERLICH, s. o.) vielleicht zu germ. **laug-* zu stellen ist.

Wehn; FA *Ween,* jünger *Weena* (und dann meist *Wehna* geschrieben); offenbar eine Kurzform zu einem RN mit dem 1. Namenglied germ. **wǣni-* »Hoffnung, Erwartung« (vgl. altfries. *wēn* »Wahn, Meinung«; weniger wahrscheinlich ist eine Verbindung zu dem Volksnamen der *Wenden* oder zu germ. **win-* »Freund«.

Porträt des JACOB HARRSEN *(1696 – 1780) aus Nieblum*

Der »Commodore« JACOB HARRSEN, der sich in holländischen Diensten zeitweilig auch JACOB HARMENSZ nannte, ist der Begründer einer erfolgreichen und verzweigten Föhrer Kapitänsfamilie. Die Bildung seines Patronymikons auf *-sen* läßt allerdings vermuten, daß seine Vorfahren nicht von Föhr stammten. Tatsächlich waren seine Großeltern — möglicherweise erst sein Vater HARRE BANDIXEN — als »Sturmflutflüchtlinge« von den Halligen nach Nieblum gekommen. Allerdings sollte man bei nicht »echt« föhring oder amring klingenden Nachnamen vorsichtig sein. Der bekannte Kapitän DIRK CRAMER (1725 — 1769) aus Nieblum

wurde beispielsweise als Drefs Jensen geboren und entstammte einer eingesessenen Föhrer Familie. Sein Vater Jens Volkerts war Höker oder Krämer in Boldixum und wurde vermutlich nach seinem Beruf im Volksmund Jins Kriamer ganannt. Nach dem Beinamen des Vaters scheint Drefs Jensen seinen Namen als Dirk Cramer hollandisiert zu haben.
(Das obige Porträt soll im Original nicht mehr erhalten sein.)

Foto: H. D. Ingwersen

| *REGISTER*
der friesischsprachigen Formen und ihrer schriftsprachlichen Entsprechungen

Männliche Rufnamen

Aade → *Ade*
Aage → *Agge*
Aarest → *Arfst*
Aarian → *Arian*
Arfst → *Arfst*
Askel → *Eschel*
Beese → *Bese*
Broor → *Brar*
Bruler → *Broder*
Bruuder → *Broder*
Bu(u) → *Boh*
Bui → *Boy*
Diid(e)rik → *Diedrich*
Dreews → *Drefs*
Eeb → *Ebbe*
Eskel → *Eschel*
Faalting → *Falting*
Feeder → *Fedder*
Foolkert → *Volkert*
Fred → *Früd*
Fröd → *Früd*
Früd → *Früd*
Fulk → *Fulk*
Geret → *Gerret*
Gire → *Girre*
Haark → *Hark*
Hai → *Hay*
Hauelk → *Hauelk*
Henerk → *Henrik, Hinrich*
Iark → *Erk*
Ingwert → *Ingwert*
Jaap → *Jap*
Jan → *Jan*
Jepk → *Jepk*
Jilew → *Gillef*
Jilke → *Jilke*
Jins → *Jens*
Jipk → *Jepk*
Jirin → *Jirrin*
Jörgen → *Jürgen*
Juun → *Jon*
Kleement → *Clement*
Knütj → *Knut*
Korneelis → *Cornelius*
Luurens → *Lorenz*

Maads	→	*Matz*	Rakmer	→	*Rickmer*
Maarten	→	*Martin*	Rekert	→	*Rickert*
Mangens	→	*Magnus*	Riiwert	→	*Riewert*
Naamen	→	*Nahmen*	Rörd	→	*Rörd*
Naning	→	*Nanning*	Ruulew	→	*Roluf*
Negels	→	*Nickels*	Sam	→	*Sam*
Neuton	→	*Newton*	Sön	→	*Sönne*
Ole	→	*Olde*	Sönk	→	*Sönke*
Ook	→	*Ocke*	Taade	→	*Tade*
Ooners	→	*Anders*	Taam	→	*Tam*
Öösem	→	*Oesum*	Tai	→	*Tay*
Päder	→	*Peter*	Töönis	→	*Tönis*
Päler	→	*Peter*	Toonklew	→	*Danklef*
Pauel	→	*Paul*	Tüke	→	*Tücke*
Piter	→	*Peter*	Tuurelk	→	*Torlich*
Poop	→	*Poppe*	Ulew	→	*Oluf*
Rauert	→	*Rauert*	Urben	→	*Urban*
Raklew	→	*Ricklef*	Wöögen	→	*Wögen*

Weibliche Rufnamen

An	→	*Ann*	Matei	→	*Matthei*
Anke	→	*Anke*	Matje	→	*Matje*
Antje	→	*Antje*	Meike	→	*Meike*
Butil	→	*Botille*	Mual	→	*Moild*
Eelen	→	*Ehlen*	Raanj	→	*Rahn*
Eeliin	→	*Ehlin*	Seike	→	*Seike*
Eelke	→	*Elke*	Sesle	→	*Sesle*
Eike	→	*Eike*	Sike	→	*Sieke*
Foolig	→	*Vollig*	Stiinke	→	*Stienke*
Ganer	→	*Ganner*	Taaren	→	*Taran*
Gantje	→	*Gantje*	Talke	→	*Talke*
Geeske	→	*Gesche*	Tat	→	*Tatt*
Giarlig	→	*Gerlich*	Tatje	→	*Tattje*
Gonel	→	*Gundel*	Ter	→	*Therr*
Göntje	→	*Göntje*	Terke	→	*Therke*
Ing	→	*Ing*	Tesche	→	*Tesje*
Ingke	→	*Ingke*	Tine	→	*Tinne*
Katriin	→	*Kathrin*	Triinke	→	*Trienke*
Keike	→	*Keike*	Tuur	→	*Thur*
Kerin	→	*Kerrin*	Tuurke	→	*Thurke*
Krasen	→	*Krassen*	Uas	→	*Oes*
Kreske	→	*Kreske*	Uaske	→	*Oske*
Maret	→	*Marret*	Ween	→	*Wehn*
Marin	→	*Marrin*			

7| *LITERATURHINWEISE*

In den meisten europäischen Namenlandschaften herrscht an soliden und umfassenden *Namenbüchern* oder *-lexika* kein Mangel. Das gilt leider nicht für das friesische und ehemals friesische Sprachgebiet, wo es bis jetzt an einem solchen Werk fehlt. Hier beschränkt sich das Angebot auf kleinere, in der Regel regional begrenzte Teiluntersuchungen, die dann vielfach eine größere Gesamtübersicht vermissen lassen. Zudem handelt es sich dabei nicht selten um zwar fleißige, aber wissenschaftlich nicht immer zuverlässige Arbeiten von Nichtfachleuten. Die Herausgabe eines gesamtfriesischen Namenlexikons wäre also in jeder Hinsicht dringend geboten.

Bis dahin empfiehlt es sich, auch vergleichbare Lexika aus den Nachbarsprachen zu Rate zu ziehen. Gerade in der niederländischen und dänischen Fachliteratur stehen für die (nord)friesischen Belange ganz hilfreiche Werke zur Verfügung. In deutschen Namenbüchern wird dagegen das friesische Namenmaterial eher am Rande berücksichtigt. Bei den nun folgenden Literaturhinweisen handelt es sich lediglich um eine begrenzte Auswahl.

Friesische Namen

ANDERSEN, C.: Studien zur Namengebung in Nordfriesland. Die Bökingharde 1760 — 1970. *(Studien und Materialien Nr. 12, veröffentlicht im Nordfriisk Instituut).* Bredstedt 1977. (Behandelt hauptsächlich die festlandnordfriesischen Verhältnisse; mit einem Namenverzeichnis im Anhang.)

BRAREN, L.: Geschlechter-Reihen St. Laurentii-Föhr. I-II. München/Wyk 1949-51 (Nachdruck Husum 1980). (Mit fast lückenlosen Genealogien, die die Abstammung der altansässigen Bevölkerung im Kirchspiel St. Laurentii vom 17. Jh. an recht zuverlässig darlegen; im Teil I auch allgemeine Abhandlungen über das föhringische Namenmaterial, die jedoch gerade in ihren etymologischen Deutungen häufig nicht verläßlich sind.)

BRONS, B.: Friesische Namen und Mittheilungen darüber. Emden 1877 (Nachdruck Walluf 1972). (Hauptsächlich ostfriesisches Personenmaterial, alphabetisch geordnet; nord- und westfriesische Namen sind in einem Anhang mit aufgenommen worden.)

JOHANNSEN, A.: Liste alter Personennamen in Nordfriesland. In: *Jahrbuch des Nordfriesischen Instituts 6 (1959/60).* S. 116-124. (Die relativ umfangreichen Listen geben keine Auskunft über die Herkunft und Bedeutung der dort aufgeführten Rufnamen.)

List fan Fryske foarnammen. Útjefte fan de Fryske Akademy. 3. Aufl. 1975. (Enthält lediglich westfriesische Namen.)

Raveling, I.: Die ostfriesischen Vornamen. 2. Auflage Aurich 1972. (Laienarbeit, die das hauptsächlich ostfriesische Namenmaterial nicht immer zuverlässig behandelt.)

Reinhardt, G.: Getauft auf den Nordfriesischen Inseln. 2300 Friesennamen auf Amrum, Föhr, Sylt. 2. überarbeitete und wesentlich erweiterte Auflage. Hamburg 1984. (Eine fleißige Laienarbeit, die jedoch in Einzelfragen häufig unzulänglich Auskunft gibt.)

Sipma, P.: Fryske Nammekunde. I. Foar- en skaeinammen. Drachten 1952. (Enthält das westfriesische Namenmaterial.)

Timmermann, U.: Bemerkungen zu Personennamen des 15. Jahrhunderts von Osterland-Föhr und aus der Lundenbergharde. In: *Nordfriesisches Jahrbuch N. F. 8 (1972).* S. 148-159.

Timmermann, U.: Beobachtungen zur Herkunft und Schichtung des altnordfriesischen Rufnamenwortschatzes. In: *Philologia Frisica anno 1972.* Ljouwert (Leeuwarden) 1974. S. 68-91. (Die beiden letztgenannten Untersuchungen geben Aufschluß über die Zusammensetzung des Namenmaterials in frühen nordfriesischen Quellen.)

Timmermann, U.: Über die Herkunft einiger Rufnamen in Nordfriesland. In: *Nordfriesisches Jahrbuch N. F. 18/19 (1982/83).* S. 243-258. (T. erklärt hier recht ansprechend eine Reihe nordfries. Rufnamen, für die bislang keine befriedigende Herleitung vorlag.)

Timmermann, U.: Paye. Herkunft und Verwandte des friesischen Männernamens. In: *Festschrift Dr. F. Paul-*

sen (= Nordfriesisches Jahrbuch N. F. 20 (1984)). S. 305-314.

DE VRIES, W.: Friese persoonsnamen. Assen 1952. (Auf Westfriesland beschränkt.)

Niederländische Namen

VAN DER SCHAAR, J.: Woordenboek van voornamen. 13. erweiterte Aufl. Utrecht/Antwerpen 1983. (Enthält neben dem niederländischen auch fast das gesamte westfriesische und groningische Rufnamenmaterial, das in der Regel zuverlässig etymologisiert wird und daher auch für große Teile des nordfriesischen Namenmaterials hervorragende Dienste leistet.)

Dänische Namen

HORNBY, R.: Danske Personnavne. København 1978. (Eine gute Einführung in die dänische Namenkunde, deren Ausführungen teilweise auch für das Nordfriesische Gültigkeit besitzen.)

KNUDSEN, G./KRISTENSEN, M./HORNBY R.: Danmarks gamle Personnavne. I-II. København 1936-64. (Vor allem für die Behandlung von nordfriesischen Namen dänisch/jütischer Herkunft unentbehrlich.)

Deutsche Namen

BACH, A.: Deutsche Namenkunde. I. Die deutschen Personennamen. 2 Bde. 3. unveränderte Auflage Heidelberg 1978. (In einigen Kapiteln sind auch

Angaben über besondere Verhältnisse in Ost- und Nordfriesland enthalten.)

Bahlow, H.: Deutsches Namenlexikon. 2. Auflage (suhrkamp taschenbuch 65). Frankfurt 1976.

Drosdowski, G.: Lexikon der Vornamen. (Duden-Taschenbücher Bd. 4). 2. neu bearb. u. erweit. Aufl. Mannheim, Wien, Zürich 1974. (Die beiden letztgenannten Arbeiten berühren das friesische Namengut lediglich am Rande.)

Schlaug, W.: Studien zu den altsächsischen Personennamen des 11. und 12. Jahrunderts. *(Lunder Germanistische Forschungen 30).* Lund / Kopenhagen 1955.

Schlaug, W.: Die altsächsischen Personennamen vor dem Jahre 1000. *(Lunder Germanistische Forschungen 34).* Lund/Kopenhagen 1962. (In beiden Werken behandelt und erklärt Schlaug das altsächsische Rufnamenmaterial recht ausführlich. Ein Großteil der altsächsischen Rufnamen ist hinsichtlich seiner sprachlichen Zusammensetzung mit den friesischen identisch, so daß zahlreiche Namenerklärungen auch für unser nordfriesisches Namenmaterial von großem Nutzen sind.)

BÜCHER ZU NORDDEUTSCHLAND BEI BUSKE